SKIMO World Championships in 2017
(Alpago, Piancavallo, ITALY)

SKIMO World Championships in 2015
(Verbier, SWITZERLAND)

Mezzalama Trophy in 2017
(ITALY)

Patrouille des Glaciers (PDG) in 2018
(SWITZERLAND)

SKIMO World Championships in 2013
(Pelvoux, Puy Saint Vincent,
Vallouise, FRANCE)

SKIMO World Championships in 2011
(Claut, ITALY)

SKIMO World Championships in 2017
(Alpago, Piancavallo, ITALY)

Hakuba-Kaerazu, JAPAN in 2013,
(白馬岳 不帰ノ嶮, 日本)

Himalayan Mountains in 2008
(Manali, INDIA)

藤川 健（ふじかわ・けん）

1974年、北海道生まれ。
高校卒業後、スキーの道を志す。テレマークスキーやSKIMO（Ski Mountaineering／山岳スキー競技）に取り組み、国内外の大会で優勝＆連覇記録をもつ。2010年、西ネパールの未踏峰コジチュワチュリ峰（6439m）登頂&スキー滑降。近年は山岳アスリートとして活躍し、2014年日本百名山33日間踏破（無雪期）、2017年日本オートルートスキーワンデイ縦走などの記録を打ち立てている。日本山岳ガイド協会認定登山ガイド（ステージIII）、スキーガイド（ステージII）。

撮影　杉村　航＝SKIMO World Championships 2011・2013・2015・2017, Hakuba-Kaerazu 2013, Himalayan Mountains 2008
藤川　健＝Mezzalama 2017, PDG 2018
倉橋俊行＝プロフィール写真

SPEED TOURING

Fujikawa Ken
Mountain Athlete

スピードツーリング

山岳アスリート
藤川健の半生と記録

横尾絢子 著

六花編集室

目次 CONTENTS

PROLOGUE　序

世界屈指のパウダースノー王国・日本。〝ジャパン・スノー〟はいまや世界中から注目を集めるほどのブランドを確立している。かつてのスキーバブル崩壊後、日本のスノー業界は長い低迷期を経て、近年は雪質に注目した新たなムーブメントが起きている。

多くのスキーヤーがゲレンデから飛び出し、自然の雪山をスキーで登り、滑ることを楽しみ始めた。かつては雪山登山の一つの手段でしかなかったスキーが、〝滑る楽しみ〟にフォーカスされたことで「バックカントリースキー」「山スキー」「山岳スキー」などと呼ばれるジャンルが確立したのである。

雪山での行動手段はさまざまなものがあるが、スピードという点で最も効率的な道具がスキーだろう。発祥は紀元前とも言われるこの2枚の板が、広大な雪山を自由自在に駆け回ることを可能にし、人類の行動範囲を拡げてきた。つまり、もともとスキーは雪山を「移動」するための生活道具だったのだ。

日本では、バックカントリースキーというと、滑ること、もっと言えばパウダースノーのようなよい雪を滑ることを志向するケースが多い。一方、ヨーロッパアルプスなどでは、山を移動することを目的としたツーリングスキーが盛んに行なわれている。春になると、ヨーロッパアルプスの山々はロングツーリングを楽しむスキーヤーでにぎわう。

より長く、より遠くへ。移動手段というスキー本来の機能を生かした「スキーツアー」は、雪山における旅であり、スキーの原点とも言える。

純白の銀世界、静寂の森、神々しい峰々……。私も山スキーに魅せられたひとりだった。雪山が与えてくれる世界に没頭し、暇さえあれば滑っていた時期もあった。

山スキーを楽しみ、そのうち仕事でも携わるようになり、多くの仲間ができて、雪山のプロフェッショナルとも知り合いになっていった。雪山の出会いのなかで、特に強烈な印象を受けた人物が、北海道に住むスキーヤー・藤川健だった。

私が山をテーマに仕事をしていることもあり、藤川とは何度も接点をもってきた。そのうち仕事だけでなく、プライベートでも雪山をガイドしてもらうようになった。

藤川の活動は、とにかく目を引いた。テレマークスキーやSKIMO《スキーモ》（山岳スキー競技）のレースをはじめ、山岳アスリートとしての活動記録は群を抜いていた。

・日本オートルート（室堂〜上高地）スキー縦走（20時間7分）
・北海道ヒュッテンケッテ100kmスキー縦走（1泊2日）
・日本百名山連続踏破（無雪期／33日間）
・テレマークスキーレース　シリーズ5年連続優勝（2003〜2007年）
・SKIMO日本選手権　7回連続優勝（2008〜2015年※）

※2011年は東日本大震災の影響で中止となった。

これらは藤川が行なってきた山行記録の一例である。藤川が得意とするのは、長距離または超長距離の雪山縦走で、スキーの機動力を生かして驚くべきスピードで駆け抜けるスタイルだ。藤川は、自らのスキー縦走のスタイルを「スピードツーリング」と呼んでいる。10年ほど前からは、藤川はSKIMOのレースよりも、スピードツーリングへと活動の軸を移し、北海道の山を中心にさまざまな長距離縦走に挑戦している。スキー縦走の記録を次々に打ち立てる藤川は、山岳スキーヤーとしての円熟期を迎えているようにも感じられる。

現在、藤川が取り組んでいる競技「ＳＫＩＭＯ」について簡単に触れておこう。競技の正式名称は「Ski Mountaineering（スキーマウンテニアリング）」と言う。雪山の決められたコースをスキーで登って滑り、その速さを競うものだ。登山とスキーを融合した、バックカントリースキーの競技版とも言える。かつては「山岳スキー競技」などとも呼ばれていた。日本ではまだ知名度は低いが、２０２６年のミラノ・コルティナダンペッツォ冬季オリンピックの新種目として採択されたことで、注目を集め始めている。

藤川は、これまでＳＫＩＭＯの日本代表選手として、世界選手権やワールドカップなど世界の舞台に何度も出場してきた。そして、今も現役の選手としてレースへの出場を続けている。20代の選手に交じって、彼らの倍くらいの年齢の藤川が出場し、時に表彰台に立つ姿には、やはり特別なものを感じる。

藤川は、どうしてこんなに強いのだろう？　どのようにしたら、こんな記録を作れるのだろう？　山登りや山スキーをする人なら、まずはシンプルにそういう疑問が湧いてくるだろう。

山岳アスリートとして高い次元の強さを身に付けるために、当然、日々のトレーニングは重要であるが、そこには、山や競技に向かう姿勢、アスリートとしての人生観も大きく関係している。そして50歳を迎える今もアスリート活動を維持しているその裏には、強靭な信念やマインドセットがあるはずである。

藤川はなぜ今の生き方を選び、どのようにして人並外れた能力を身に付けたのか。記録を打ち立てた〝背景〟を知るために、まずは藤川の生い立ちから話を始めたいと思う。

CHAPTER

1

第1章

軌跡

TRACE

幼少時代

1974年、藤川は北海道・札幌市の南東に隣接する北広島市で生まれた。北広島市は、かつて広島県からの移民によって開拓された町だ。〝北にある広島〟という意味で北広島という名がついたと言われる。藤川の四代前の先祖が、広島から移り住んだ開拓民だったという。

藤川は6人家族の次男。父と母、二歳離れた兄がおり、祖父、祖母と同居していた。
「僕、両親や兄から遊んでもらった記憶がないんですよ。本当に放任でした」と、藤川は幼少期を振り返る。

自宅は、家がまばらに立つ農村地にあり、1㎞ほど離れた幼稚園に歩いて通っていた。近所は田畑ばかりで、友達の家は距離が遠すぎるため、家の周りで一人で遊ぶことが多かったという。
「ひとりだけ年齢の近い男の子が近くに住んでいたんですけど、その子はなぜか女の子と遊ぶのが大好きだったんです（笑）。子どもながらに、ちょっと違うなあという感覚で、その子とは遊んでいませんでした」

「お前は運動音痴だから、勉強しろ」

小学校に上がってから、藤川が先生から言われた言葉だ。

「たぶん、当時は走るのが遅かったので、そう言われたのだろうと思います」

そう藤川は解釈しているが、子ども心に多少なりともショックを受けたようで、今でもしっかり覚えているという。このような出来事があったからかは分からないが、藤川はスポーツ万能というより、真面目に勉強する比較的おとなしい子どもだった。

「スポーツで一つだけ芽が出そうだったのが、モトクロスですね。三輪バギーです」

小学4年生のとき、たまたまモトクロス体験会の募集記事を目にして、「これやりたい」と親に頼んだ。「行きたいなら自分で行きなさい」と言われた藤川は、体験会の当日、一人でバスに乗り会場へ向かった。

バイクに乗れるというイメージを抱いていた藤川だが、会場ではバイクのほかに三輪バギーの体験もやっていた。当時の三輪バギーのエンジンは90ccもあり、50ccの子ども用バイクに比べると、段違いのスピードだった。藤川は、見た目や知名度でなく、単純に速いという理由で三輪バギーを選んだ。

三輪バギーは操作が難しかった。しかし、それがかえって藤川を熱中させた。前輪が一つしかないので、無理やりハンドルを切って曲がろうとすると、転倒してしまう。そもそも子どもの力だとグリップ量が足りず、ハンドルを握ることも大変だった。曲がるときには、全力でドリフトして後輪を振り、車体を動かさないといけなかった。

度胸も必要だった。一般的なバイクは曲がるときに車体を内側に傾けるが、三輪バギーは外側に傾ける必要があった。外側に体を振り出すことには恐怖を伴うが、後輪を軽くすることでドリフトして曲がるのだった。

子どもゆえに、スピードに対しても恐怖心が薄く、アクセルは握りっぱなしだった。藤川は体重が軽いことを生かし、カーブやコーナーもアクセル全開のまま突っ込んでいく。レースになると、直線で大人に抜かれても、カーブで抜き返した。

のちにスキーで発揮される、スピードへの耐性や、道具をコントロールする巧みさは、もしかしたら幼少期から培われていたのかもしれない。いっときは夢中になった三輪バギーだが、小学校を卒業し、中学で部活を始めるのを理由にやめてしまった。

「もったいなかったですね。いま考えても続けていればよかったと思います」

勉強好きの少年

小学6年生のとき、担任の教師が「中学に入ったら何の部活に入りたいか」とクラスの生徒全員に尋ねたことがあった。仲のよい友達がみな「バスケットボール」と答えたのに影響されて、藤川も「バスケ部」と答えると、先生に「お前は背が小さいから、卓球部くらいにしておけ」と言われたという。藤川は頭にきて、中学入学後、バスケットボール部に入部した。

しかし、部への在籍は長くはなかった。成長期特有の関節痛なのか、脚や膝に激しい痛みが出てきてしまったのだ。しばらくは両膝をテーピングで固定しながら頑張ってみたが、次第に階段の昇り降りもままならなくなってしまった。

「部活は中2の半ばくらいでやめました。夏くらいだったかな。しばらくは脚が痛くて動けなかったです。それからは帰宅部の友達とマージャンばっかりやるようになりましたね」

痛みが治ったのは、部活をやめて一年が経つころだったという。

中学時代も勉強は引き続き好きだった。

「小学校高学年くらいから、勉強が妙に楽しくなってきたんです」

藤川は、覚えることよりも、考えることが好きだった。数学の授業では、公式を覚えるのでなく、公式の仕組みや作られ方に興味をもった。公式に数字を当てはめると答えが出る。どうやったらこういう公式ができるんだろう。授業中はずっとそれを考えていたという。

国語は、テストで解答が分かっていても、素直にそのまま書くことはしなかった。模範解答でなく、独自の解釈や表現で答えを記述した。もちろん、簡単にバツを付けられないようにも工夫した。採点に困った先生は、「素直にマルを付けられる答えを書け」と藤川に言った。

成績は、クラスで2番、3番前後だったというから、優秀だったのだろう。テスト前には「この先生だったら、こういう問題を出すはず」と出題傾向の予想をして、一夜漬けの暗記などはあまりしなかったという。得意だったのは、国語や数学など、考えることがメインの科目。体育、音楽、英語などの暗記科目はダメだった。理科も、当時は暗記科目だと思っていて嫌いだった。

考えることや、コツコツ努力することが得意という性格は、現在の藤川にもつながっているように思える。スキーの技術習得は、身体やセンスで体得していくタイプと、理論に基づきロジカルに会得するタイプの、ざっくり2タイプに分かれるが、藤川はおそらく後者のタイプだろう。そう尋ねてみると、「まあ、スキーのお客さんにも時々『うんちくがくどいですね』って言われます」という答えが返ってきた。

高校でのスキー部生活

幼少期、スキーとの接点がまったくないわけではなかった。北海道に生まれ育ったからには雪は身近なもので、小学校ではスキー授業があった。

初めてスキーを履いたのは就学前だった。小学校のスキー授業に備えて、家の横の畑でプラスチック製のスキーを履き、歩いたり滑ったりした。

小学校では、冬になるとグラウンドに雪の山が作られ、低学年のうちはそこでスキー授業が行われた。高学年になると、年に2回ほど「スキー遠足」が行なわれ、このときだけスキー場に出かけて滑るのだった。

藤川のスキーの腕前は、いたって普通だった。下手でもないけど、いちばん上手いクラスにも入れない。実力は常にクラスで真ん中くらいだった。

そんな藤川がスキーに目覚めたのは、中学3年生の冬だった。高校受験に向けて勉強していた藤川だが、志望校が定員割れになっていることを知った。受ければ確実に合格すると分かった途端、いっさいの勉強をやめた。

藤川は暇を持て余した。北海道で冬にできる遊びと言えば、スキーくらいしかなかった。スキーを始めたのはそんななんとなくの理由だったが、滑れるようになればやはり面白かったのか、藤川はせっせとスキー場へ通った。

「ほぼ毎日滑っていましたから、それなりに滑れるようになって、すごくスキーが上手くなったように勘違いしちゃったんですね。それで勘違いしたまま、高校でスキー部に入ったんです」

入学した高校は、道内でも有数の進学校だった。

スキー部は、当時、道内でも超が付く弱小部だった。北海道で二百人以上が出場していた競技スキーのインターハイ予選において、最下位あたりを部員同士で争うような状態だった。

藤川は、全国トップ選手と自分との技術の差に愕然としたが、一方で、自分の中の闘志のようなものに火が付いた面もあった。もっと強く、上手くなりたいと思った。

しかし熱心に活動する部員は少なかった。特に同級生のヤル気は低く、ランニングと称してみんなで学校の外に走りに行き、学校に近い藤川の家でマージャンを打つこともあった。

藤川は、ひとりで自主練を始めた。とは言っても部活には指導者もおらず、内容は自分で考えるしかなかった。冬はナイタースキーに通い、夏は夕食後、勉強が終わった後に20㎞のランニングをした。床に就くのは毎日、深夜だった。

部内には、一人だけスキーが異様に上手な先輩がいた。藤川の二学年上の先輩で、インターハイ予選で二十位以内に入る実力の持ち主だった。

「なんで、うちの高校にいるんだろうと不思議に思うくらいの、すごい先輩でした。スキーの強豪校に行っていれば、間違いなくスキー選手として成功していたと思います。僕がスキーの面白さを感じるようになったのは、この先輩のおかげです」

藤川の技術が未熟すぎて、先輩に直接教えてもらうような機会はなかったが、一緒に滑ってもらうたびに、「すごいなぁ、なんでこんなに速く滑れるんだろう」と気持ちが高揚した。

スキーバムの世界へ

高校2年生になるころには、藤川にも「進路」という問題が出始めた。進学校の学生らしく、勉強もやっていた藤川だが、大学に行って学びたいものがなかった。さらに、いい大学に入っていい企業に就職するといった、レールを敷かれたような人生設計にも違和感を覚えた。藤川は、大学進学が自分にとって本当に必要なのかを考えた。

「とりあえず大学に行って就職し、時間とお金ができてから好きなことをゆっくりすればいいじゃないか」と言う人もいたが、藤川は「それは違う」と思った。10代後半から20代にかけての10年間が、40歳や50歳になってからのそれと同じ意味をもつとは到底思えなかった。

自分が人生で何をしたいのかについて、藤川はこのとき初めて考えた。その結果が、「とりあえず何かで日本一になりたい」ということだった。

「本気でやれば何でもできると思っていたんです。若いころは生意気でしたから……。調子にのっていいたんですよね」と藤川は笑う。

大学は受験しないと決心した。もし受験して合格したら、惰性で進学してしまうと思ったからだった。

大学へ行かずに何をするか。藤川は「どうせなら得意なことより、自分ができないことをやろう」と考えた。ふと、小さいころから「お前は運動音痴だから、スポーツは絶対できない」と言われてきたことが思い出され、反骨精神がむくむくと湧き起こった。そうだ、スポーツにしよう。スポーツで日本一になって、今までそう言ってきた人たちを見返してやろう。それなら部活でやっているスキーがいい。得意じゃないけど、楽しいから好きだし、個人種目だから一人でも練習できる。

スキーにはいろいろな種目、分野があるから、何かしらでは日本一を目指せる気がした。とは言え、競技スキーで日本一になるのはまず無理だろうと思った。ジュニアのころから本気でやっている人がたくさんいるし、体格的に小柄な自分は著しく不利なように思われたからだ。

いろいろと考えた末、まずは基礎スキーの世界へと入ることにした。

「手始めにインストラクターの資格取得を目指そうと思って。日本一と言うわりには安直ですよね」と、藤川はこのときの決断を振り返る。

高校3年生の冬、藤川はキロロのスキー場でパトロールとしてアルバイトを始めた。夏も引き続きキロロに勤め、ゴルフ場の草刈りをした。

当時、開業したばかりのキロロスキー場は、優秀なスキーヤーを全国各地から積極的に集めており、元インターハイ選手、元ナショナルチームメンバーといったスキーヤーが、インストラクターやリフト係として働いていた。活気溢れる職場で働けることは嬉しかったが、一方で、トップ選手のレベルの高さを目の当たりにすることにもなった。

藤川は焦った。このままだと、あの人たちには絶対に追いつけない。この圧倒的な差を埋めるためにはどうしたらいいのだろう。必死に考えて至った答えはシンプルで、「たくさん滑ること」だった。

「他人の倍の練習をして、倍のスピードで上手くなれば、そのうち追いつけるはずだ」

そう考えた藤川は、同僚が、夏にニュージーランドへ滑りに行ったという話をしていたのを思い出した。そうだ、夏はニュージーランドで滑ろう。ゴルフ場で芝刈りなんてしている場合じゃない。

当時、夏をニュージーランドで過ごすスキーヤーはけっこういた。それも、1週間などでなく、3〜4カ月も滞在して、手持ちのお金が尽きるまでひたすら滑るという生活をしていたスキーヤーが珍しくなかった。

「そういう人たちを、スキーバムって言うんだよ」と、ある人が藤川に教えてくれた。

藤川は、キロロで冬を2シーズン過ごした後、夏を迎えると同時にニュージーランドへ渡った。同時にキロロを辞め、次の冬からニセコへ職場を移すことにした。北海道一のスキー場は、やっぱり規模的にも大きなニセコではないかと思ったからだ。

その年から、ニセコとニュージーランドを往復するスキーバム生活を、十三年間も続けることとなる。一年のうち、およそ6カ月をニセコ、4カ月をニュージーランドで過ごし、残りの2カ月を実家で過ごすのだった。

藤川が拠点としたのは、クイーンズタウンというニュージーランド南島にある山岳リゾートだった。来る日も来る日も、藤川は滑り続けた。何年か過ごすうちに、「ニュージーランドで働くのもいいかもしれない」と思ったこともあったが、仕事を得るほど英語が堪能ではなかったこともあり、純粋なスキーバムとして十三年間を過ごした。冬の間は日本でお金を稼ぎ、夏はそのお金がなくなるまでニュージーランドで滑った。

ニュージーランドでの生活は刺激的で魅力的だった。ニュージーランドは、主にヨーロッパのスキー選手が夏場のトレーニング地にすることが多かった。キロロよりさらにレベルが高い、世界のトップ選手が集まっており、ワールドカップ出場選手や、ヨーロッパカップ優勝者、オリンピック出場選手などがゴロゴロといた。

藤川は腕試しのために時折レースにも出場した。クイーンズタウンの町で開催されるシリーズ戦形式の草大会で、毎週水曜日に開催されていた。

レースは7人構成のチーム戦だった。7人が滑り、そのうち速いほうから4人のタイム合計で勝敗が決まる。ユニークなのは、チームを組む時に、町にある企業をスポンサーに付けなくてはいけないというルールがあったことだった。スポンサーと言っても、飲食店やホテル、観光に携わる中小企業など。スポンサーは、選手の出場費を支払い、大会の賞品も提供する。賞品は、レストランや観光のバウチャーチケット、お酒や食品などさまざまで、たまに賞金もあったが小遣い程度だった。

「出場選手には世界トップレベルのスキーヤーも多かったので、このレースで勝利すると、町で一目置かれる存在になれたんです。カテゴリ分けもユニークでした。日本では考えられないような組み合わせもあって、隣でワールドカップ選手が滑っていることもありましたよ。ものすごい真剣にやる草レース、みたいな感じで面白かったです。当時の僕は基礎スキーヤーだったけど、あの大会の時だけは、本気で競技スキーに取り組みました」

降雪量が多い北海道とは違い、ニュージーランドは雪質もアイスバーンやクラストなど難しい雪ばかり。スキー場なのに雪面から岩が突き出ているなど、転んだらケガをしかねないような斜面も普通にあった。

「北海道のようなパウダースノーも楽しいですが、そういう雪をいくら滑っても上手くはなれないんですよね。今の自分のスキー技術は、確実にこのニュージーランドで鍛えられたものです」と藤川は言う。

ニュージーランドでのスキーバム生活で、藤川のスキー技術はメキメキと磨かれていった。ただこの当時は、あまりにも上手な人たちが周りにいたため、自分が上手くなったという感覚はいつまでも得られなかったという。なお、ニュージーランドの雪質はヨーロッパとも似ていたため、このときの経験は、その後のヨーロッパでのテレマークスキーやＳＫＩＭＯのレースに生かされていく。

テレマークスキーとの出会い

スキーバムをしていた当時、冬を過ごしたニセコでは、キロロと同じくスキー場のパトロール要員として働いた。当時ニセコではモーグルスキーがブームとなり、ニセコは「モーグルの聖地」と呼ばれて、多くのフリースタイルスキーヤーが集まっていた。藤川も影響を受け、基礎スキーの傍らモーグルに夢中になった。

そんななか、パトロール仲間の何人かがテレマークスキーをやっていた。ターンの際に脚を前後にずらす独特のフォームで、後足のカカトを上げてヨロヨロと滑っているように見えたテレマークスキーは、お世辞にもカッコイイとは思えなかった。「面白いから一緒にやろうよ」と誘われることもあったが、藤川は横目で見ているだけだった。

テレマークスキーとは、つま先だけが板に固定されたスキーのことである。カカトは固定されていないため、スキーを履いたまま歩く・登るなどの動きが容易になるが、その代償として、滑走時の安定性は低くなる。そのため、テレマークターンと呼ばれる、脚を前後に開く独特のターン姿勢をとる。

藤川が初めてテレマークスキーを履いたのは、ニュージーランド滞在中だった。外国人の友人が道具一式を貸してくれるというので、話のタネに、くらいの軽い気持ちで体験してみたのだった。道具は、細身のスキーに皮革製のブーツという、いわゆる「細板革靴」の組み合わせ。友人のブーツは藤川にはサイズが大き過ぎ、ブカブカのブーツを紐でなんとか縛り上げた。友人に連れていかれた先は、ゲレンデ脇のオフピステ（非圧雪斜面）だった。当然、終始転んでばかりで、まともな滑りにならず、このときはテレマークの何が面白いのか、さっぱり分からなかった。

さんざんなテレマークスキー初体験だったが、次のシーズンに、再びニセコでテレマークスキーをやってみる機会が訪れる。このとき仲間に借りたのは、プラスチック製ブーツだった。藤川は、「プラブーツなら滑れるだろう」と思って斜面に飛び込んだ。しかし、革靴ほどではないが、やはり相当難しかった。そのころにはスキーもそこそこ上達した自負があったが、テレマークを履いた瞬間、そんな自分が初心者に戻ってしまったかのようだった。

「その感覚がすごく新鮮で、一気に面白くなりました」

テレマークスキーを始めたいと仲間に言うと、古いブーツとスキー板を譲ってもらえたので、ビンディングだけ買いに行くことにした。

札幌にある「秀岳荘」は、山スキーやテレマークスキーなどを取り扱うアウトドア用品店だ。当時、「秀岳荘杯」と称したテレマークスキーのレースを主催しており、道具を買いに行った藤川はさっそく参加を勧誘された。誘われるがままに、その場でエントリーを決めたが、レースの日まで2週間もなかった。

「ほぼぶっつけ本番でした。レースの結果は、おそらく9位とか10位だったと思いますが、結果はあまり関係なくて、とにかく楽しかった。大会規模は小さなものでしたが、新しいスポーツ特有の熱気がありました」

藤川がテレマークスキーを始めた2000年ごろは、日本におけるテレマークスキーの黄金期でもあった。皮革製ブーツしかなかったテレマークスキーに、初めてプラスチック製のブーツが出現したのが1992年。滑走性や安定性が著しく向上し、高速でのダウンヒルが可能となり、テレマークスキーでジャンプやモーグルに挑戦する人も現われるようになった。全国で開催されるレースの数もどんどん増えていった。

「テレマークスキーは、完全にレースを目的に始めました」と藤川は語る。北海道のテレマークスキーヤーのなかにはワールドカップ出場選手もいて、藤川の目標もすぐに世界の舞台に設定された。秀岳荘のレース後、藤川はニュージーランドでもテレマークスキーを猛特訓した。翌2001年1月には、長野県で行なわれたレースで優勝。2カ月後に行なわれる世界選手権への切符を手にする。

「このころは、トントン拍子に上手くなっていました」と藤川。当時のテレマークスキーは、アルペンスキー界からの参入者も多く、変化の大きいニュースポーツだったのだろう。実力次第で日本のトップに立つことができる、そんな大きな時代の流れに身を投じ、藤川自身もすごいスピードで進化していった。

「日本一」という夢の実現

２００1年3月、藤川はテレマークスキー世界選手権に出場すべく、フランスへと渡った。初めて訪れるヨーロッパだった。山全体を使ったような広大なヨーロッパのスキーリゾートに、藤川は衝撃を受けた。

「さすがヨーロッパだなと思いました。ニュージーランドに初めて行った時もすごいと思ったのですが、ヨーロッパはさらに広くて、ニュージーランドのスキー場を10倍くらいにしたみたいでした」

藤川は国内外のテレマークスキーのレースに精力的に参戦し、のめり込んでいく。２００２年に国内のシリーズ戦で総合優勝したのを皮切りに、２０１０年に引退するまでの間に、合計6回の総合優勝を果たした。海外でも、ニュージーランドでのテレマークスキーレースで優勝するなど、好成績を残している。

「気付けば、高校生の時に立てた『スキーで日本一になる』という野望は２００２年にさらっと達成されてしまっていたんですよね（笑）」

藤川にとって、夢に見た「日本一」は、人生のゴールではなく通過点でしかなかった。そして日本一の先にはまだ多くの挑戦が藤川を待っていた。

カカトが上がり、「登る」「歩く」動作がしやすいテレマークスキーは、雪山を移動するための機能をもち合わせている。テレマークスキーを続けるなかで、藤川にとっても自然と山を滑ることが身近になっていった。

ちなみに、藤川が初めてバックカントリースキーを経験したのは、ニセコでパトロールを始めて2、3年目のことだった。リフト係をやっていた仲間と羊蹄山に登ったのが最初である。アルペンのスキーブーツにスノーシューを付け、スキー板はザックに取り付けて担ぐ。装備は重く、足元は動きづらかった。「当時、スキーは滑るものだと思っていましたから、つらい修行以外の何ものでもなかったですね」と藤川は話す。

春、ゲレンデが営業終了した後は、滑りの練習のために山に出かけるようにもなった。シール（＝スキー板の滑走面に貼る滑り止め。クライミングスキンとも言う）という道具を知り、スキーを履いたまま登るようになった。

テレマークスキーはゲレンデで滑っても難しかったが、山で滑るとさらに難しかった。レースで優勝するほどの技術を身に付けても、山は一筋縄ではいかなかった。

藤川は、次第に山の面白さに目覚めていった。山の懐は、とんでもなく深かった。山では難しい状況を求めればいくらでもあった。藤川は急峻なルンゼなど、より険しい地形、厳しい斜面をテレマークスキーで滑降することに意義を見出していく。

「もう刺激を求めてというか、征服欲というほどでもないですけど、そういうものに、どんどんのめり込んでいきました。ここをテレマークで滑る人なんかいないだろう、というような急な場所を好んで行きましたね。アルペンスキーだと簡単に滑れてしまって刺激がなかったので、テレマークで滑ることが楽しかったんです」

そんな藤川の活動は、次第にメディアの目にも留まるようになる。藤川健の名前が、山岳雑誌やスキー雑誌に登場するのはこのころからだ。テレマークスキーの専門誌である『ＳＯＵＬ ＳＬＩＤＥ（ソウルスライド）』や、登山雑誌『山と溪谷』などに頻繁に登場するようになる。

また、年１回開催されていたテレマークスキーの祭典「てれまくり」にも、藤川はゲストスキーヤーとして招かれていた。２００７年から２０１６年まで計10回開催され、スキーの試乗会のほか、ファンレースなどがあり、全国からテレマークスキーの愛好者が集うマニアックで熱いイベントだった。藤川をはじめ、メディアで活躍するテレマークスキーヤーたちは、滑走のデモンストレーションや参加者との交流を行なっていた。

山岳スキー競技（ＳＫＩＭＯ）への転向

藤川は、北海道の山を登ることを、トレーニングのメニューに組み込んでいた。

「山を登る目的はテレマークレースのための体力づくりだったんです。そのころは、もう体力がありすぎて、持て余していたんですよね。飽きもせず、同じ山をガツガツ登っていたので、登ることも好きだったんだと思います。そのうち、どんどん速く登れるようになるんですけど、正直、これって無駄な能力だよな、シールで速く登れたって何の意味もないよな、って思っていました」

そんなある日、藤川の運命を変える出来事が起きた。

長野県・小谷村の山田旅館を訪れていたときのことだった。夜、藤川は山田旅館の主人、山田誠司氏とお酒を酌み交わしていた。山田は、競技スキーや基礎スキーで活躍後、ノルディック複合で国体優勝し、テレマークスキーやＳＫＩＭＯでも日本代表選手になるなど、スキーのあらゆる分野に秀で、スキーの天才との呼び声高い人物でもあった。

このとき、山田から聞いたのが、第1回の山岳スキー競技日本選手権大会の話だった。藤川は、このときの衝撃を次のように話す。

「誠司さんが『この間、面白いレースがあったんだよ』と、山岳スキー競技の話をしてくれたんです。それを聞いて、これだ‼って思いました。無駄だと思っていた自分の特殊能力を生かせる競技があったんだ！って。もう、すぐにやる気になりました」

山を登って滑り、速さを競うという「山岳スキー競技」に、藤川は一気に心をつかまれた。北海道に戻った藤川は、また秀岳荘へ道具を買いに行った。

登りの負荷軽減を重視し、非常に軽量に作られた山岳スキー競技の道具は、当時の日本ではほとんど流通していなかった。ヨーロッパで普及していた軽量なスキーや、テックビンディングは、まだほとんど日本には入ってきていなかった。

テックビンディングは、つま先とカカトを別々のパーツで固定するもので、長らく山スキーの世界で主流だったフレームタイプのビンディングに比べて段違いに軽量だった。当時、まだ見慣れないテックビンディングを秀岳荘で見付け、店員が「なかなか売れない」と嘆くその商品を、藤川は喜んで購入した。

テックビンディングは実際使ってみると、軽くて登りが楽で、藤川はすぐに気に入った。やや難儀したのは、テックビンディング用のブーツのスペックが低く、技術でカバーする必要があったことだった。当時テックビンディングが普及していなかった理由も、その点が大きかったようだ。なお、ブーツはその後に著しく進化を遂げ、同時にテックビンディングも普及する。

2006年4月、藤川は長野県・栂池高原で開催された第2回山岳スキー競技日本選手権大会へ出場した。初めての山岳スキー競技で藤川が使用した道具は、テックビンディングを付けたツアー用スキーと、ツアー用ブーツ。他の選手もほとんど藤川と同様の装備だった。

「日本選手権に初めて出場して、衝撃を受けました。優勝したのは横山峰弘さん。ヨーロッパで買ったというレース専用の軽い道具を使っていました。誠司さんは2位でしたが、ツアー用の重い道具を使っていた。やっぱり誠司さんはすげぇな〜、と思いましたよ」

初参加のレースで、藤川の順位は7位だった。


それからは、藤川はテレマークレースに出場しつつも、山岳スキー競技のほうへと傾倒していく。

「トレーニングで山に行くうちに山の魅力に気付いていき、そこで山岳スキー競技を始めたことが、山の世界に向かっていくきっかけになった。ロングツーリングやスピードツーリングという、現在の僕の方向性を決める一番の要因となったのは、やはり山岳スキー競技でした」と藤川は言う。

山岳スキー競技の発祥はヨーロッパだ。アルプスの国境警備隊が、山の峰々をいくつも越えて移動する速さを競ったトレーニングが、レースへと変わったものである。山を舞台にした、壮大なスケール感やスピード感は、藤川の心を次第に捉えていった。

もう一つ、そのころ、テレマークスキーの世界で起きていた変化も、少なからず藤川の心境に影響を与えていた。

それは道具の変化である。滑走性を追求する傾向が強まった結果、2008年にNTN(ニュー・テレマーク・ノルム)という新規格のビンディングが出現したのだ。NTNは剛性が高く、テレマークでも、アルペンスキーのようなカービングターンが容易にできるようになった。

進化と言ってもよいこの用具の変化について、藤川はこう語る。

「それまでの75㎜規格のビンディングでカービングターンをすることに意味があったんですよ。剛性が強いNTNでカービングができるのは当たり前で、僕はそれを使うことに意味を感じられないです」

アルペンスキーのような速さや強さを追い求め、用具の剛性を高くすることは、もちろん利点もあったが、一方でテレマークのもつ本質的な楽しみを失わせることになった可能性も否めない。ノルディックスキーのような軽快さと機動力が、テレマークスキーの魅力だった。道具の性能に限界があるからこそ、それを技術でカバーしようとする。人間がもつ潜在的な能力を引き出していく面白さがあった。

藤川は、始めたばかりの山岳スキー競技の用具について、自身のブログに、以下のような文章を残している。

２００７年４月19日

今日は1日中快晴。キロロのゲレンデを滑ってから道具を換えて余市岳へ。道具は山岳レース用の超軽量ブーツＦ１とディナフィットビンディングの組み合わせ。…（中略）… 山岳レース用の道具はとにかく軽く、登りは楽だがその分滑りの性能は最低限。はっきり言って良い雪でも滑るのは難しい。カービングスキーやファットスキーに乗る技術ではまったく滑れない。別に特別な技術が必要なわけではないけれど、スキーの基本に忠実な滑りをしなければ滑れない。しかし、その難しさが面白かったりする。気を抜いたらすぐにでも転んでしまう緊張感は、最近の道具では味わえないスリルだ。カッコよく滑るなど不可能に近い道具だけど、自分が楽しければそれでいい。どうせ山の中では誰も見てないし……。

当時は、登りに特化した競技用スキーで滑ることは、現在よりもかなり難しかったのだろう。

しかしその難しさを攻略する面白さがあった。それまでテレマークスキーで得られたものを山岳スキー競技へ求め始めたことが、藤川が山岳スキー競技へと移っていった理由の一つかもしれない。

「ビッグ3」――SKIMO世界三大レースへの挑戦

さて、藤川が取り組み始めた「山岳スキー競技」を、ここからは「SKIMO（スキーモ）」という名称で呼んでいきたい。日本に入ってきたころは「山岳スキー競技」と呼ばれていたが、近年は正式名称の「Ski Mountaineering（スキーマウンテニアリング）」を略した「SKIMO」が普及しているからだ。

藤川は、2007年にテレマークスキーレースでシリーズ総合優勝したのを最後に、本格的にSKIMOへ転向した。その後、2007年は日本選手権で5位、2008年から2014年は日本選手権で優勝し（2011年大会は中止）、7連覇という偉業を打ち立てる。

藤川は日本代表選手として、世界選手権やワールドカップにも出場するようになった。

SKIMOの世界大会は、主にヨーロッパで開催されている。SKIMOは、発祥の地であるヨーロッパでは大人気で、冬季は毎週末、各地でレースが開催されているほどである。

世界のＳＫＩＭＯのレベルの高さ、特に選手の強さや技術レベルは、藤川の想像をはるかに超えていた。世界選手権に初めて参加したときの藤川の驚きを、ここでもまた本人のブログから引用しよう。

２００８年2月25日
今日は山岳スキーレース世界選手権の１レース目である、インディビジュアル・ショートの競技が行われました。この競技は個人戦で、シールやつぼ足で上ったり滑ったりを繰り返して、総標高差１６００ｍのコースで行われました。日本人選手は男女合わせて4名が出場。…（中略）…ちなみに僕はトップから1時間遅れの2時間30分でゴールして81位。世界のトップは想像以上の速さです。ちなみに女子もまったく同じコースを使って、トップは僕より30分ほど速いタイムでした。恐るべし。

世界の壁をヒシヒシと感じましたが、この競技の面白いところははっきりとした実力差が現れることと、コースの雄大さ、そして辛くても参加するだけでも楽しいところです。特に、コースは日本ではあり得ないようなリッジの上や急斜面を通過し、そこからの景色は息を飲むほどです。残念ながら写真を撮る余裕はありませんが……。この競技に参加したものだけが見ることのできる景色です。あんなコース設定で事故や怪我人がでていないのが不思議なほどですが、それほど参加選手のレベルも高いということでしょう。特に滑りのセクションは、バックカントリーということもあり、かなりの急斜面。ゲレンデとは違い自然の山のクラストした雪を、山岳レース用の細くて軽い板で滑ります。登りで疲労がたまったまま、休むことなく滑り出すので、本当の意味でのスキーの上手さと強さを競うといっても過言ではないでしょう。

山の中を縦横無尽に移動する、スケールが大きくアグレッシブな競技です。

加えて藤川が驚いたのは、世界選手権よりもレベルが高いレースがあるということだった。

「世界選手権やワールドカップに何度も出場し、これが世界最高峰の大会だと思っていました。でも、それよりも、もっともっと上のレースがあるということを知ったんです。それが世界三大レースでした」

SKIMOの世界三大レースとは、スイスの「PDG」、イタリアの「メッツァラーマ・トロフィ」、フランスの「ピエラ・メンタ」の三つの大会だ。長い伝統をもつ大会で、世界選手権やワールドカップよりも、はるかに長距離で難易度が高い。

藤川のなかで、世界三大レースへの憧れは次第に強まっていった。

藤川が、まず出場したいと思ったのが、最も人気が高いと言われていたPDGだった。最初にPDG、次はメッツァラーマ・トロフィに出場し、当時フランス語のみのエントリーだったピエラ・メンタは最後に回そうと考えた。

ＰＤＧに出るにあたり、最初の難関は出場権の獲得であった。人気が高すぎるため、抽選に当たることは狭き門だ。藤川のサポートメーカーがＰＤＧの大会スポンサーだったため、藤川はメーカー担当者に、ＰＤＧのエントリーについて相談してみることにした。「あわよくばスポンサー枠で出場できないかな」とも思った藤川だったが、ＰＤＧは審査が厳正で、そういうことは一切していなかった。

ところが、サポートメーカーの日本の担当者はＰＤＧについてほとんど知識がなかった。ヨーロッパから情報を取得するのにも時間がかかり、結果的にエントリーのタイミングを2回も逸してしまった。あまりにもＰＤＧへのエントリーが難航するので、藤川はメッツァラーマ・トロフィへと舵を切ることにした。

メッツァラーマ・トロフィ

メッツァラーマ・トロフィ（以下、メッツァラーマ）の出場者は、抽選ではなく、運営者による選考で決定される。日本人の応募が珍しかったからか、藤川はスムーズに出場権を得ることができた。

メッツァラーマは3人一組で出るチームレースだ。距離は約45㎞、ヨーロッパの氷河地帯がコースとなる。体力だけでなく、氷河などを登り、滑ることができる高い雪山技術をもったメンバーを選ぶ必要があった。

藤川が最初に声をかけたのは山田誠司だった。しかし都合が合わず断られてしまい、別のメンバーを探すことになった。最終的に、白馬のスキーヤー松澤幸靖と、SKIMOにも取り組んでいるプロトレイルランナー小川壮太がメンバーとして決まった。松澤は白馬でガイドや山岳救助に携わり、充分な山岳技術を持っている。さらにスキーも元ナショナルデモンストレーターという腕前だ。小川は国内外の大会で活躍するプロトレイルランナーで、SKIMOでも日本選手権の優勝経験があった。

藤川は事前に3名そろっての練習をしたかったが、日本にいる間には全員の予定が合わず、結局それは現地に着いてからとなった。氷河地帯ではクレバスへの滑落などを防ぐため、3人がロープでつなぎ合って登りや滑走をしなくてはならない。これがけっこう難しかった。

現地に着いてから本番までは3日しかなかったので、練習は少ししかできなかった。それ以前に、時差ボケも治らず、高所順応も万全ではなかった。それでも、なんとか最終調整を終え、藤川らはスタートラインに着いたのだった。

スタート地点は、選手と大勢の観客で埋め尽くされ、興奮に包まれていた。ヨーロッパでの

ＳＫＩＭＯの大会規模や人気の高さに、藤川は驚いた。

「定員が３００チームですから、９００人が出場するんです。大群衆のなか、９００人が一斉にスタートする、その光景には圧倒されました。明け方、まだ暗いうちにスタートするんですが、誰もヘッドライトを点けていないんですよ。なんでかなぁって思っていたら、スタートと同時に花火が打ち上げられて。しばらく花火が上がり続けて、昼間みたいに明るいんです。こりゃ誰も点けないよなって思いました」

メッツァラーマのコースはダイナミックそのものだった。クレバスが口を開けた氷河地帯、足を滑らせたら命がないナイフリッジ。そんな場所を含むルートを、選手たちは走り抜けていく。

「すべてのレベルが違いました。世界選手権やワールドカップには出ていたので、ある程度の経験はあったつもりでしたけど、またまた衝撃を受けました。世界選手権には各国のトップアスリートしか出場していませんが、メッツァラーマはそうではない選手も多く出場しているんです。トップ以外の選手のレベルが異常に高いんですよ。日本では考えられないような危険な場所でも落ちる人なんかいない。みんな平然と登っていきます」

藤川のチームも日本においては一流のメンバーだが、メッツァラーマはそんな彼らの想像をも超える過酷さだった。

藤川たちは9時間28分というタイムで完走を果たした。順位は170位だった。藤川は、これまで経験したことのない大きなレースを完走した充実感でいっぱいだった。

PDG（Patrouille des Glaciers）

メッツァラーマの翌年、藤川はようやくPDGの出場権を獲得することができた。

PDGの開催は2年に1度。コースはスイスのツェルマットからヴェルビエまで。距離約58km、累積標高差は約4300m。メッツァラーマ同様、3人一組でのチーム戦だ。

メンバーには、メッツァラーマに共に出場した松澤幸靖、そして白馬のアウトドアショップ「ラッピー」の店長・松本聡を誘った。松本は店を経営しているだけでなく、自身も山岳スキーを楽しみ、SKIMOの大会では好成績を収めていた。身体能力が高く、特にスタミナの強さを藤川は評価していた。長距離レースにはあまり興味がなかったようだが、藤川が拝み倒すような形で誘い、メンバーに加わってもらった。

PDGの正式名称は「Patrouille des Glaciers（パトロール・デ・グレイシャス）」という。直訳すると「氷河のパトロール」。スイス軍の山岳トレーニングが発祥となってできた大会である。コースは、マッターホルン山麓のツェルマットから、モン・ブラン山麓のヴェルビエまで。ヨーロッパアルプスの名峰、モン・ブラン（Mont Blanc、4810m）と、マッターホルン（Matterhorn、4478m）をつなぐ山スキールートは「Haute Route（オート・ルート）」と呼ばれ人気が高いが、その核心部がレースコースになっている。ヨーロッパアルプスの名ルートが舞台であることも、PDGの人気の理由かもしれない。

その人気はすさまじく、参加者は4000人を超え、時には5000人近くなることもあるという。このため、レースは2回に分けて実施される。レース期間の平日に1回目、週末に2回目が行なわれる。2回目のレースには強豪選手が出場し、観客の数も多い。藤川らは2回目のレースへの出場となった。なお、この年のPDGには、もう一組の日本人チームが1回目のレースに出場していた。

藤川らは大会10日前にスイスへ渡航した。今回は時差ボケの解消や高度順応を充分行なうことができたため、かなりいい調子で本番を迎えることができた。

スタートは夜だった。ツェルマットの街中から、6回ほどに分かれて時間差でスタートする。藤川と同日のレース参加者は2600人もいた。選手をできるだけスムーズに通行させるため、ルート整備はかなり念入りにされていたが、それでも渋滞が頻繁に起きる。トランジットエリア（＝滑走や登行の切り替えで作業を行なう場所）では特に渋滞がひどくなるため、ロープでメンバー同士を結び合う作業を、運営スタッフが手伝っていたほどだった。

レース前に好天と高温が続いたため、山の斜面はカチカチのアイスバーンだった。ツアールートとは言っても、滑走中に滑落したら命を落としかねない場所もある。そんな場所をまだ暗いなか、ヘッドライトの灯りで進まなくてはならない。

稜線にはヘッドライトの列ができていた。周囲には常に多くの選手がおり、そんな選手たちに声援を送るギャラリーも大勢いた。最後のピークにいた群衆はざっと1000人近く。ヴェルビエから2時間ほどかかる山奥に、スキーで歩いて観戦に来るのである。ヴェルビエの街中を走ってたどり着いたゴールには、なんと数千人規模の人が集まっていた。

日本ではトップ選手として活躍する3人だが、世界の壁はやはり厚かった。藤川らのタイムは11時間43分。順位は175位だった。

ピエラ・メンタ

三大レースは、ピエラ・メンタを残すだけとなった。ピエラ・メンタは毎年3月に開催され、2人1組のチームレースである。ペアを組む相手は、これまでメッツァラーマ・PDGを共に闘った松澤幸靖を誘った。

「ピエラ・メンタは三大レースのなかでも難易度が高い。山岳スキルや滑走スキルを考えると、やっぱり幸靖さん以外に候補は考えられませんでした」と藤川は話す。

藤川は２０１９年のレースに出場したかったが、この年は松澤の都合が合わず、参加を断念した。翌２０２０年にエントリーしたが、世界中を混乱に陥れた新型コロナウィルスの流行により、大会自体が中止になってしまう。２０２２年から大会は再開されたものの、パンデミックは終息せず、日本から海外への海外渡航には厳しい検査や待機期間が設けられていた。また、イベントやスポーツ大会が直前で中止になってしまうことも多々あり、藤川はさまざまなリスクを考慮し、この年もヨーロッパへの遠征を断念した。パンデミックが収まり、ピエラ・メンタへの出場が叶ったのは、２０２３年だった。

「まさかここで5年もかかるとは思いませんでした。最初は、3年あれば三大レース全部に出られるだろう、などと思っていたんですけど、結局すべてのレースに出るのに10年近くかかってしまいました……」

ピエラ・メンタとは、フランスにある山の名前だ。山名を冠したこのビッグレースは、サボア県のアレッシュ・ビューフォートという山間の街で行なわれる。

ピエラ・メンタの特徴は、4日間のステージレースであること、毎回異なるコースが設定されることだ。また、三大レースのなかで最もテクニカルで難しく、登行も滑走も高度な技術が求められる。

藤川は2月下旬、スペイン・バルセロナに渡った。ピエラ・メンタの直前に開催される世界選手権に、日本代表として参加するためだった。世界選手権では、スプリント・チーム・インディビジュアルの3種目に出場した。

このとき48歳だった藤川は、なんと大会における最年長選手だったという。

「世界選手権では、あまり調子が出ませんでした。標高への順応がなかなか進まなかったんです。終盤くらいに調子が上がってきたので、ピエラ・メンタにはなんとか間に合った感じなんですが」

ピエラ・メンタでペアを組む松澤幸靖も、一緒に渡欧していた。松澤は選手ではなく、日本代表選手団のコーチとしての帯同である。世界選手権の終了後、藤川と松澤は一緒にフランスへと移動した。


この年のヨーロッパは記録的な少雪に見舞われ、ピエラ・メンタは例年よりも短縮されたコースで実施されるという事前の発表があった。藤川は現地の状況を見て驚いた。

「ヨーロッパでは、近年は毎年のように雪不足になるんですけど、この年は本当に雪がなかった。何度もピエラ・メンタに出場しているという選手が『いつもならここを滑るんだよ』って教えてくれた場所に、まったく雪がないような状況でしたから」

さらに追い打ちをかけたのが天気だった。大会期間に荒天となり、直前にさらなるコース変更が発表されたのだ。

1日目はほぼ予定通りのコースで実施されたが、2日目はコース短縮により累積標高差3000m超が約2500mに減った。

3日目は朝から雪交じりの冷たい雨で、風も強くなった。多くの選手が中止を望むなか、藤川は「荒天のほうが、経験を生かしてより上位を狙えるかもしれない」と考えていた。

選手たちが寒さに震えながらスタートラインに立ち、いよいよスタート時間が迫ったそのとき、中止のアナウンスが流れた。周囲の選手からは歓声が上がったが、ピエラ・メンタを楽しみにしていた藤川はあまり喜べなかった。なお、ピエラ・メンタで一ステージが丸ごと中止となったのは史上初のことだったという。

3日目は図らずも休息日となった。そして4日目も天気は回復せず、累積標高差がたった600mという短距離レースになったのだった。順位は全レースの総合成績で129位だった。

藤川にとって、ピエラ・メンタは完全燃焼とはならず、やや未練が残った大会のようだった。

というのも、変更となったのはコースの長さだけではなかったからだ。コース短縮に伴い、ピエラ・メンタ最大の特徴でもあるテクニカルな山岳登行や滑走も大きく削られてしまったのである。

「コースは超簡単でした。それはガッカリでしたね。ピエラ・メンタは三大レースのなかで最もテクニカルと言われていますが、今回に関しては、ほぼゲレンデゲームだった。世界選手権やワールドカップと変わらない。だから、僕が描いていたピエラ・メンタのイメージでは、まったくなかった。大変だったのは天気だけです」と藤川は心情を吐露した。

「いつかまた、フルコースで行なわれるピエラ・メンタに出場してみたいです」

三大レース出場という目標はここに達成されたが、挑戦はまだ続くのかもしれない。

スキーアルピニズムを求めて

三大レースをすべて完走した藤川。これらの大会出場を通して藤川が触れたのは、「スキーアルピニズム」の世界観だった。

「レースとはいえ、自己責任にもとづいて困難に挑むという文化や精神が、ヨーロッパのSKIMOにはありました。それが『スキーアルピニズム』です。例えば、ナイフリッジを走るには、体力だけでなく足の運び方や足を置く場所といった、山岳技術や知識が必要です。登山家と同じようなアルピニズム精神が根底にあって、ビッグ3のようなレースはその流れを受けているんです」

スキーアルピニズムの真髄に、より深く迫りたい。そんな渇望にも似た思いが、藤川をSKIMO、特にビッグ3へと駆り立てていった。レースに出場し、その世界に浸っているときが、藤川にとって何より幸せな時間だった。

しかし、思わぬ時代の流れが、スキーアルピニズムの世界を変えていく。

2021年、SKIMOの競技史に残る大きな出来事が起きた。2026年にイタリアで行なわれるミラノ・コルティナダンペッツォ冬季オリンピックの新競技に決定したのだ。

このニュースにSKIMO界は湧き立ったが、蓋を開けてみれば、オリンピック種目として採択されたのは、「スプリント」と「ミックスリレー」という、スキー場内で実施される短距離種目のみで、山岳エリアを含む長距離種目「インディビジュアル」は外されてしまった。おそらく、コース整備や報道の事情が優先されたことが主な理由だろうと推察される。SKIMOのオリンピック化は、多くの人に競技を知ってもらう大きなチャンスとなった一方で、競技の魂であるアルピニズム要素を最も色濃くもつ部分が削られてしまったのである。

藤川は、オリンピック競技化の影響を、次のように指摘する。

「オリンピック化によって、ヨーロッパの大会でさえ安全面を考慮してルートが簡単になってきています。安全なルートにして、スピーディな展開にするほうが競技性も高まるし、観戦種目としては都合がいいわけです。そうなると、ナイフリッジのような険しく難しい場所を通るために必要な山の技術は要らなくなる。簡単なルートなら体力だけあればいい。今の世界選手権やワールドカップからは、スキーアルピニズムは完全になくなっています。さらにLGCのようなビッグレースからも消えかけているんですよ」

LGC（La Grande Course／ラ・グランデ・コース）というのは、長距離かつハイレベルなSKIMO大会の集合体であり、ビッグ3の大会もLGCに入っている。

ワールドカップや世界選手権というのは、ごく一部の選抜されたアスリートが出場する舞台だ。それ以外の、ヨーロッパ各地で行なわれている草レースに出場している愛好者たちにとっての最高峰の大会は「LGC」だと言えるだろう。

2023年にピエラ・メンタに出場した藤川は、エントリーが昔よりも簡単になっているという話を耳にしたそうだ。それは、ピエラ・メンタに出場しない選手が増えているということを意味しているという。

「これって、けっこう危機的な状況じゃないかと僕は思うんです。競技性や安全性を求めて、効率化したりルール化したりすることで、根本的な本来の魅力が削ぎ落される。それで競技から離れていく人たちがいるんです。そのボリュームがどのくらいか分からないですけど、ひょっとしたら今回のオリンピック化を機に、ヨーロッパのＳＫＩＭＯが衰退していく可能性があるかもしれない」と、藤川は危機感を募らせる。

ＬＧＣを目指す選手が一定のボリュームとして存在していることで、ＳＫＩＭＯの世界は支えられている、と藤川は言う。つまり、ＬＧＣへの出場者が減るということは、ＳＫＩＭＯを下支えしていた層が減る可能性があるということなのである。

「でも、オリンピック種目のような競技のほうが人気が出て、逆に競技人口が増える可能性もありますけどね」と、藤川は寂しそうに付け加えた。

もし競技人口が増えたとしても、スキーという道具の利点を最大限に活用して雪山での行動範囲を広げる、壮大でロマンあふれるスキーアルピニズムの精神が失われていくことは、藤川にとって残念なことに違いない。

一時はＳＫＩＭＯのレースに没頭した藤川だが、今は自然の雪山をスキーで走破するスピードツーリングに活動の中心を移しつつあるようだ。ビッグ３への挑戦と並行して、国内でも数々のロングツーリングやスピードツーリングを行なってきた。

「僕のなかで、レースのウェイトはだいぶ小さくなってきています。以前は日本選手権や世界選手権に照準を合わせていましたが、いまは日本選手権の後に、体のピークを合わせるように考えています。やっぱりレースは危機管理されたコースで行なわれるので、あくまでレースはトレーニング、最終目的や実戦は山かな、と思います」

ＳＫＩＭＯのレースから、スピードツーリングへ。その変化はスキーアルピニズムの実現のためであった。

藤川が追い求める「スキーアルピニズム」とは何か。それを知るために、これまで藤川が行なってきたスピードツーリングの記録を見ていこう。

CHAPTER

2

第2章

スキー縦走の記録

SKI TOURING

ROUTE 1

Mt.Tokachi & Taisetsu 1day Traverse

十勝・大雪1DAY縦走

DATE	DISTANCE	TIME
2016年5月15日	60km	13時間22分

藤川が、スキーによるスピード縦走、つまりスピードツーリングに本格的に取り組んだ最初の記録が、この2016年の十勝《とかち》・大雪《たいせつ》の1DAY《ワンデイ》縦走である。

十勝連峰および大雪山系は、北海道では山スキーのメジャーエリアである。特に十勝岳や、大雪の旭岳《あさひ》は人気が高い。しかし、そこをつなげるとなると60㎞もの距離になるため、スキー縦走をしている人はほとんどいない。藤川も、「長すぎて参考になるような記録は見つからなかった」と話している。

藤川は、これ以前に一度、このルートに行っている。2008年、山岳スキーヤーの佐々木大輔と一緒に縦走したのだ。1泊2日だったというから、これでも充分に速い記録だ。避難小屋泊だったが一応テントも担ぎ、休憩をしっかり取りながら余裕のある行動をしていたので、「頑張れば1日で行けるな」と、藤川は思ったという。

それ以来、実現するタイミングを耽々と狙っていたが、残雪の状況、体のコンディション、天候などの条件が整う時はなかなか来なかった。すべての条件がそろうことは難しいと分かっていたが、装備を減らすことを考えると、その他のリスクを最小限に抑えておきたかった。

2016年の春も、体は仕上がっていたものの、天気が優れない日が続いていた。天気が回復したときには、雪はもうだいぶ解けてしまっていた。

「あまり贅沢なことを言っていると、いつまでも実現できないので、この時は、とりあえず行ってみようかなっていう感じでした。欲を言えば、もっと雪がある時にやりたかったんです。そうすればもっと楽に行けたから」

5月14日は、暑寒別《しょかんべつ》岳のガイドツアーの仕事が入っていたが、翌15日の天気予報が意外とよかったため、急遽、この計画を実行に移すことを決めた。16日には天気が崩れる予報で、「行くなら15日しかない」と藤川は思った。暑寒別岳のガイド登山は思ったよりも時間がかかり、予定より3時間ほど遅く下山。現地解散の後、そのまま十勝岳温泉へ向かった。十勝岳温泉に着いたのは、21時だった。

「とりあえずダメ元で行く、という気持ちもあったので、少し疲れているくらいでもいいや、みたいな感じはありましたね」

万全の体調での挑戦はあきらめたが、睡眠があまりに短いとパフォーマンスが落ちる。0時スタートの予定を少し遅らせて、2時14分にスタートした。

真っ暗ななか、ヘッドライトを点けて、富良野《ふらの》岳へと登る。ルートや地形は頭のなかに入っていた。

沢を渡る地点を、藤川は少し悩んだ。沢を渡った後には急斜面の登りが待っているが、その斜面に雪が残っているかが分からなかったのだ。登山道はないため、もし雪がなければ、登るにしても戻るにしても時間がかかってしまうことになる。考えた結果、確実に雪があると思われる場所まで遠回りをしながら、富良野岳に向かうことにした。

「本当は前日に下見をしたかったんですけど、到着が夜で暗かったので、できなかったんですよね。戻らなきゃいけなくなったら気持ちも下がりますし、ここは少し時間がかかっても、確実に行けるほうを選びました」

富良野岳の山頂に着いたのは3時39分。日の出が近く、辺りは薄明るくなってきた。雪は硬く締まっていた。

ここからは、ほぼ稜線沿いに滑走と登行を繰り返しながら、十勝岳を目指した。富良野岳の山頂から滑走し、トラバースぎみに行けるところまで滑る。三峰山《さんぽう》の手前でシールを着け、登り返して三峰山、上富良野岳へ。上富良野岳からまた滑走。上《かみ》ホロカメットク山の山頂を巻いて、十勝岳に向けてシールを着けて登った。

こういう細かいアップダウンの地形は、雪があるかどうかで時間が大きく変わってくる。雪があればスキーで素早く移動できるが、雪がなければスキーを外して歩かなくてはいけない。また、スキーの着脱回数が増えるほど、時間がかかってしまう。遠目に見たところ、黒い山肌が出ているところも多かった。周囲はすでに明るかったため、目星を付けながら進んでいったが、小さな尾根が重なりあって見えない斜面も多く、そういうところは〝勘〟で進んでいくしかなかった。

「滑りながら、どこかなー、うーん、こっちかな、みたいな感じで進むんですが、たまたまそこだけ雪がつながっていたなどと、判断がピタピタッと決まったんです。読みが次々に当たって、オプタテシケの山頂直下まで一気に滑ることができた。ここは会心の一本でした」

十勝岳の山頂には、5時16分に着いた。まだ雪は硬く、日陰はカチカチだった。藤川はその斜面を快適に滑っていった。硬い雪が苦手というスキーヤーは多いが、ニュージーランドやヨーロッパの雪を長年滑ってきた藤川にとっては、硬い雪は決して嫌いではなく、状況によっては得意なくらいだった。

美瑛《びえい》岳を巻いて、オプタテシケ山の山頂を踏む。オプタテシケ山は、十勝連峰の端にある山で、十勝連峰の縦走というと、一般的に富良野岳・十勝岳・オプタテシケ山の3座を踏むことを指す。藤川もこれらの山頂は必ず踏もうと考えていた。

オプタテシケ山の東面には広い斜面が広がっていた。

「ここは北海道でも屈指の大斜面だと思いますよ。すごくいい斜面です。ただ普通は、ここに行くのにテントを担いで1泊2日かかりますけど」

ちょうど雪も少しゆるみ始めてきたころで、藤川はここでも気持ちよくシュプールを描いた。

十勝連峰を後にして、遠くに見えるトムラウシ山を目指す。ほとんど人が訪れることのない区間に入り、登山者の足跡やスキーの跡も見られなくなった。藤川も訪れるのは２００８年以来だ。

このとき使用していたのは、ＳＫＩＭＯのレース用のスキーとブーツだった。

「レース用の道具はシールの着脱に数十秒しかかからない。作業が面倒ではないので、シールの着脱を行なうことに、あまり躊躇しないんです」

十勝岳からトムラウシ山までは、一般的にテント泊で2泊3日かかる距離だ。藤川は道具の機動力を生かし、トラバースと登行を繰り返しながら順調に距離を稼いだ。

10時9分、トムラウシ山に到着。行動開始から8時間経っていた。登ってきた南斜面は、日射によって雪がゆるみ始めていた。山頂を踏んだ藤川は北側の斜面へ向かった。

滑り込んだ北斜面は、硬い氷だった。

「これは落ちたら止まらないな」

瞬時に藤川は思った。しかも斜面の下のほうには、ところどころ岩が出ている。滑落すれば、ケガをする可能性もあった。ブーツアイゼンに履き替えようかとも思ったが、履き替えることにも危険が伴う。ギリギリこのまま行けると判断して滑走を続けた。

「ケガをしても救助に来てもらうのが難しい場所だし、レース用の細いスキー板だったので、硬い雪だとちょっと心もとなかった。ここは緊張しましたね」

トムラウシ山からは、化雲岳《かうん》を巻いて、五色岳《ごしき》の山頂へ。その先は、夏道（無雪期の登山道）沿いに尾根を歩く計画だが、白雲岳《はくうん》や北海岳《ほっかい》に続く夏道にはほとんど雪が付いていないだろうと予想し、途中から夏道を外れて忠別川《ちゅうべつ》を超え、旭岳へ向かうルートを取った。

日が高くなるにつれ、雪はどんどん解けていく。ヒサゴ沼くらいまではまだ硬さが残っていて滑ることができたが、五色岳に近づいたころには、ズブズブと膝くらいまで沈むほどになった。

忠別岳を過ぎ、忠別川を渡るあたりまでは基本スキーで滑走する目論見だったが、スキーのトップが刺さって前のめりに転んでしまい、滑ることができない。あきらめてシールを装着する。ザクザクと雪をかき分けながら進み、スキーで滑れば30分くらいで行けるはずだったところを2時間以上かかって歩いた。

「歩きであそこまで埋まると、なかなか、やる気なくしました……」と藤川はその時のことを思い出す。「あと3、4時間早くここを通過してたら」「もっと早い時期に来れたらよかったのかもしれない」などマイナスの感情が沸き起こる。その一方で、「危険な場所で、こういう雪に当たるよりはよかったかもしれない。ここはずっと緩斜面が続くし、危険もないから、体力的に苦労するだけだ」と自らに言い聞かせ、歩き続けた。

トドメは、最後の旭岳への登りだった。疲労で体や脚が動かない。なんとか山頂へ着いたときには、疲労は頂点に達していた。

旭岳山頂の到着は、15時13分だった。「意外に時間かかっちゃったな」と藤川は思った。前半がかなり順調だったこともあり、「12時間以内にはゴールできるだろう。もしかしたら11時間を切れるかもしれない」とも途中で思ったが、この旭岳山頂でちょうど13時間が経過していた。やはり一筋縄ではいかないのが雪山であった。

旭岳の山頂は、風が強く吹いていたが、視界は良好。天気は最後までもってくれそうだ。太陽は少し傾き、雪は再び締まり始めていた。

地獄谷を滑走し、旭岳温泉に下山したのは15時36分だった。所要時間13時間21分48秒。十勝連峰と大雪山系をつなぐスキーワンデイ縦走は無事に終了した。

「後から冷静に考えたら、事前に考えていたよりも、だいぶ速かったですね。同じルートを17時間で行ったという外国人の記録があったのですが、13時間台はたぶん最速ではないでしょうか」

藤川はあらためてスピードツーリングに魅了された。

「大雪山系はやっぱりスケールが大きいんです。地図を見るだけだとなかなか分からないと思うけど、行くと、その広さや大きさが身に染みて分かる。そこをつないで一気に行くというのは爽快感もあるし、全力を出し切って山へ行ったという充実感がある。自分が山で培ってきた技術や経験を出し切れた、そんな満足感があったと思います」

①ヘッドライトを点けてスタート　②富良野岳からの滑走　③出発から8時間弱、トムラウシ山山頂に到達　④十勝岳山頂。日の出とともに周囲の山々が姿を現わす

ROUTE 2

日本オートルート1DAY縦走

Japanese Haute Route

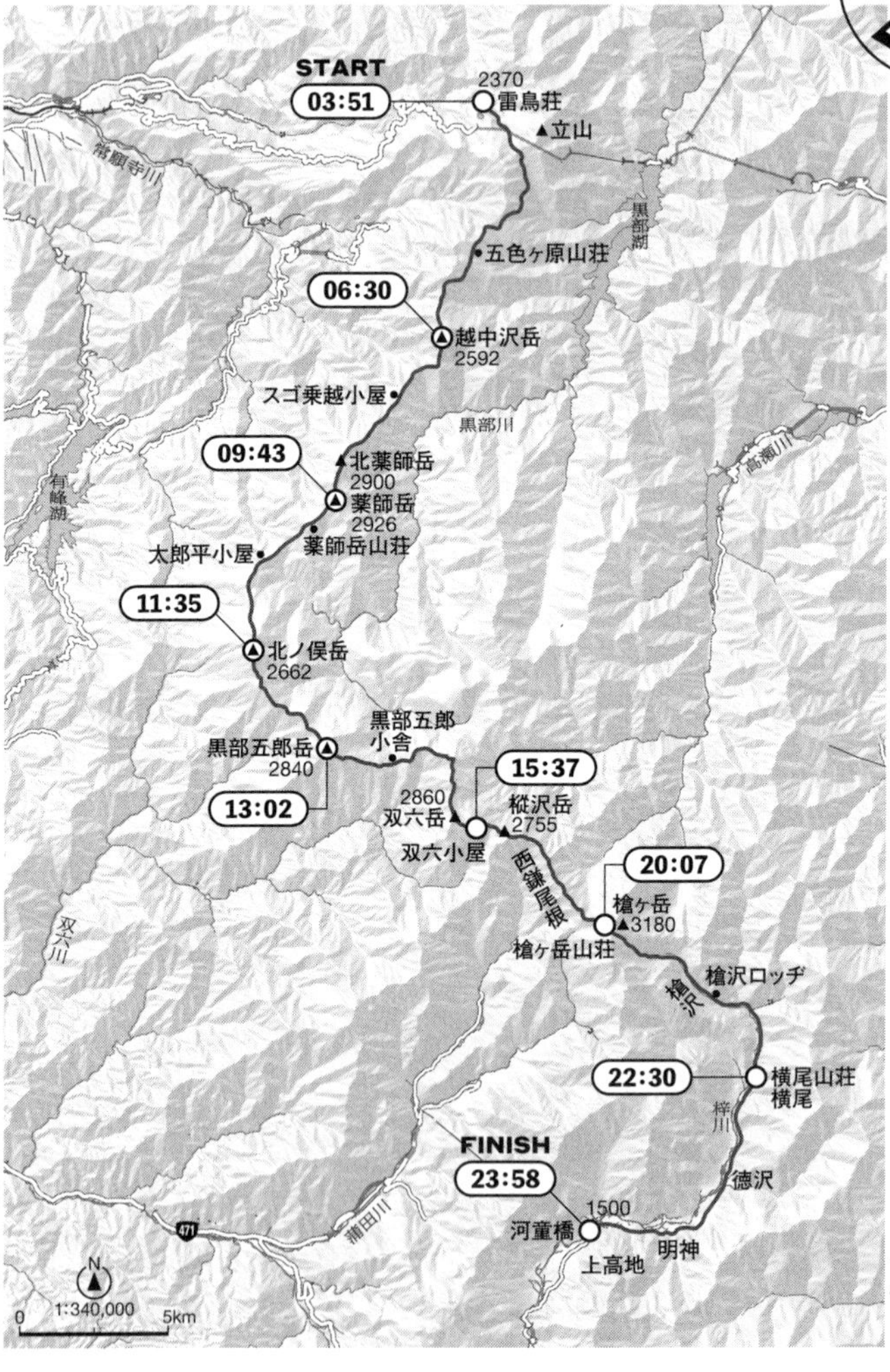

DATE	DISTANCE	TIME
2017年5月4日	70km	20時間7分

十勝・大雪のスピードツーリングを成し遂げたとき、藤川の胸中には、すでに次のプランがあった。北アルプスの立山・室堂から上高地までをつなぐ「日本オートルート」の縦走だ。しかもこちらもワンデイで挑戦しようと考えていた。

「オートルート」という名称は、ヨーロッパアルプスのモン・ブラン山麓の町であるシャモニから、マッターホルン山麓のツェルマットまでをつなぐ山岳路「La Haute-Route」から来ている。「日本オートルート」とは、立山・室堂から上高地までをつなぐ、山スキールートだ。クラシックルートとして有名な、このロングルートの走破は、多くの山スキーヤーの憧れになっている。かつては、春になると立山・室堂から上高地の間にある山小屋を利用して縦走ができたが、近年になって春の営業をやめる山小屋が出てきたため、今はテント泊をしなければ縦走ができない。

藤川は、だいぶ昔にテレマークスキーで日本オートルートを縦走したことがあった。当時は営業小屋が多くあったため、室堂で前泊、山中の小屋で3泊した。そのときから、スピードツーリングのルートとして目をつけていたという。

「でも、一日で行ける確証はありませんでした。あくまで漠然とした感覚や、地図を眺めるだけでの想定でしかなくて、こういうペースでいったら行けるのかな、でも大変なのかな、どこで自分はバテてしまうのかな、などと考えるだけだったんです。2016年に、十勝大雪の1DAY縦走をやりきれたことで、日本オートルートは確実に一日で行ける、という自信につながりました」

十勝・大雪の山々と日本オートルートが異なるのは、標高や山容だ。3000m級の山々が連なる北アルプスでは、いったん荒天となれば、命取りにもなりかねない。また、切り立った尾根もあり、落ちたら危険な箇所もところどころにある。ブーツアイゼンを着用して、つぼ足で行かなければならない場所もあるだろう。スキーの機動力をどれだけ生かせるか、それが鍵になってくると考えた。

2017年4月下旬、藤川はメッツァラーマ・トロフィに参戦するため、イタリアへ遠征した。帰国したのは4月30日。遠征のお陰で、体は仕上がっていたが、疲れは残っていた。藤川は成田へ到着したその足で北アルプスへと向かった。

しばらく白馬に滞在して、体を休めてから天気がよくなるタイミングを待ちたかった。できれば、人が減って山が静かになるゴールデンウィーク後が理想だった。そのころなら充分休息も取れて遠征疲れからも回復しているはずだった。

しかし、チャンスは帰国して2日後に訪れた。遠征の疲れは、まだ取りきれてはいなかったが、この時を逃すと、次のチャンスがいつ来るか分からなかった。

「時差ボケも治っていなかったけれど、行くと決めました。でも、夜間行動も長いからよかったかもしれませんね」

5月3日、立山・室堂に入った。この日は室堂で泊まり、翌日の早朝に出発する。ゴールデンウィークということもあり、アルペンルートは予想通りの大混雑で、室堂に着くまでに5時間もかかった。

実は、室堂の宿はどこも満室で、藤川は宿の予約が取れなかった。しかし、たまたま登山ガイド仲間のツアーが立山で行なわれ、そのガイドに頼み、ガイド部屋に同宿させてもらうことができた。運よく宿の確保はできたが、部屋はガイドと同室だ。夜になると、当然、酒盛りが始まる。仲間のガイドも藤川に気を遣ってはくれたのだが、ツアーの楽しみを邪魔するわけにもいかず、藤川も途中まで宴会に付き合った。

「なので、今回もまた寝不足です」

0時過ぎに出発したかったものの、あまりに睡眠不足だと体が動かない。長い行程になるし、出発を遅らせることにした。

「3時半、遅くても4時前に出れば、その日のうちにゴールできるだろうと思ったんです」

室堂を出発したのは3時51分。しかし、まさかこのときの判断に、後から苦しめられることになるとは、このときは藤川自身、まったく思っていなかった。

今回も、装備はＳＫＩＭＯレース用のスキー板とブーツ。ブーツアイゼン、スキーアイゼンのほか、ウィペット（アックスが付いたスキーポール）も持参。昔、一度オートルートを縦走したときの経験ではロープを使う下降はなかったため、ロープは持たなかった。万一のときのために、ツェルト、コンロなどのビバーク装備は用意した。

藤川は、スピードツーリングの場合、スポーツ用のジェルをメインに摂ることにしている。固形物は胃の負担になり、パフォーマンスが下がるからだ。ボトルに入れた水と、テルモスに入れたお湯も準備した。ボトルの水が減ったら、雪を詰め、テルモスのお湯を少し入れて溶かしながら飲むことにした。

一ノ越《いちのこし》からは、龍王岳《りゅうおう》などを通過する尾根上のルートが一般的だ。しかし北アルプスに詳しくない藤川は、地形図と現地の状況から、斜面をトラバースして一気に通過した。

「後から、いろいろな人に、こんな斜面行けるんだね、って言われました」

五色ヶ原《ごしきがはら》辺りまではトラバースと登行を繰り返す。ザラ峠から滑り下りる斜面は、日中に雪がゆるんだタイミングで滑れば気持ちのいい楽しい斜面のはずだが、明け方はまだ硬く凍り付いており、滑るのに慎重を要した。

越中沢《えっちゅうざわ》岳に着くころには、辺りはすっかり明るくなった。天気は快晴。アルプスの壮大な景観が広がっていた。「やっぱり北海道とは違うな」と藤川は思った。雪を冠した山々は、北海道とは異なるスケールの大きさが感じられた。

薬師《やくし》岳まではほとんど横移動。スキーにシールを着けたまま進んでいく。迷いようもない尾根歩きが続き、快適に歩くことができた。尖った尾根は、場所によってはスキーを外して、ブーツにアイゼンを付けて通過する必要に迫られるが、藤川は、そんな場所もスキーを履いたまま、シール歩行で通過していった。シール歩行の技術の高さも、藤川の強みであった。

もう一つ、北海道との違いで驚いたのが、人の多さだった。トレースの跡がそこらじゅうにあり、実際、人に出会うことも多かった。「さすが本州の山だ」と藤川は感じた。特に薬師岳の周辺は、登山者やスキーヤーでにぎわっていた。

雪はだいぶゆるんできて、薬師岳の登りからはスキーが沈みがちになった。

薬師岳から薬師峠に向かって滑り込む。ほどよく雪がゆるんだ快適な斜面だった。ここからは黒部《くろべ》の深部に向かっていく。太郎山、北ノ俣《きたのまた》岳を登り、赤木《あかぎ》岳へ。このころにはすっかりストップ雪になってしまった。ザクザクとスキーが沈んで前へ進まないため、ストックで漕ぎながら、必死でスキーを滑らせていった。

13時23分、黒部五郎《くろべごろう》小舎に着いたときには、けっこうな疲れを感じていたが、時間にまだ余裕はあった。「のんびりじわじわ行くか」と藤川は思った。

黒部五郎小舎から、緩斜面をゆっくりと登りながら、体を回復させていく。天気はいいし、周りには人がいっぱいいる。気分はすっかりピクニックだった。

双六《すごろく》小屋を越えた先の、樅沢《もみさわ》岳からの下りで、切り立った尾根を行くか、スキーでトラバースするか少し迷った。「尾根を行くと面倒そうだな」と思った藤川は、スキーのまま斜面へ滑り込んだ。

下りた瞬間、「ああ失敗した」と藤川は思った。雪がゆるみ切っており、まったくスキーが滑らなかったのだ。この斜面では、もう引き返すに引き返せない。行けるところまでトラバースし、登れそうなところで頑張って斜面を登り、なんとか尾根に復帰した。

日没が迫ってきた。遠くには夕日に染まる槍《やり》ヶ岳が見えている。しかし、ペースはいっこうに上がらない。難所として有名な西鎌《にしかま》尾根は、さすがにスキーを着けてのシール歩行はできない。板を担いでブーツで歩き、一気にペースダウンした。ただ西鎌尾根には意外と雪が付いていたため、雪をつなぐことで比較的スムーズに通過できたのは幸いだった。

槍ヶ岳山荘の到着は20時7分。日はとっぷりと暮れて、辺りは真っ暗だ。営業中の槍ヶ岳山荘には温かい明かりが灯っていた。

「可能なら槍ヶ岳の山頂で記念撮影をしたいと思っていたんですけど、そんな余裕はなかったですね。それでも、後は槍沢を滑って、上高地への林道を残すだけなので、ここでもまだ焦るほどではありませんでした」

周囲は濃いガス（霧）に包まれ、10m先も見えないほどだった。すぐにスキーを装着して槍沢へ滑り込みたいと思ったが、ガスのせいで下り口が分からない。昔の記憶をたぐりよせようとしたが、はっきりと思い出せなかった。もし雪がつながっていなかったら危険だ。仕方なくテント場の辺りまで、歩いて尾根を下りた。

「晴れていれば一目瞭然だったんです。槍ヶ岳山荘の目の前に大斜面が広がっていて、そこに向かって下りるだけでした」

遠くにヘッドライトの灯りが見えた。藤川と親しい山岳カメラマンが、応援と撮影のために上がってきてくれたのだった。

真っ暗ななか、少し撮影をして、槍沢を滑り始める。雪は再び締まってスキーがよく滑るようになってきた。昼間に雪崩が起きたのだろうか、槍沢はデブリだらけで、大きな雪のブロックがゴロゴロと転がっていた。雪がゆるんでいる日中でなくてよかった、と思いながら、デブリを避けながらのタフな滑走をこなした。

脚は疲労でパンパンだった。ようやく到着した槍沢ロッヂでスキーを脱ぎ、シューズに履き替えた。21時25分。タイムリミットまであと2時間半。藤川はゴール地点を、上高地の河童橋と決めていた。疲れた脚に鞭を打って走り出した。

しかし、ここからが想定外だった。

「槍沢ロッヂから上高地までの距離をナメてました。走っても走っても着かない。長かったですね、ここは」

時刻が23時を回ると、さすがに焦りが出てきた。時計を見ながら走るスピードを上げていく。

「もう最後は猛ダッシュしながら、激しく後悔ですよ。ゴールを槍沢ロッヂにしておけばよかったとか、ワンデイの定義を〝今日中〟から〝24時間以内〟に変更しようかな、なんて考えも頭をよぎりました」

本気の走りで、なんとか河童橋に到着。荒い息のままカメラを取り出し、急いで証拠の写真撮影をした。23時58分だった。


最後はドタバタで終わったものの、振り返ってみれば日本オートルートの魅力を味わいつくした縦走だった。藤川はこのルートが「オートルート」と名付けられた訳や、知名度の理由を、身に染みて感じることができた。

「誰もが知っている北アルプスの核心部を行くということに、大きな意味合いがある。そして、知名度があるというのは、それだけよいルートで、価値があるからだと思うんです」

そう述べた上で、日本オートルートの魅力を次のように話した。

「遠目に見ると、あんなところどうやったら行けるんだろうって思うんですけど、近くに行くとルートが見えてくる。ああ、あそこを行けばいいんだって。うまくスキーでつなげることができる好ルートだと思います。たとえよい山でも、高度な登攀技術を使わないと突破できない場所が多いのは、スキールートとしてはイマイチで、スキーを活用できてこそ〝よいスキーツアールート〟と言えると思います。日本オートルートは、そういう意味でレベルが高い。距離も長いし、景色も一級。本当に行く価値のあるルートだと思います」

①五色ヶ原付近から薬師岳方面を望む。今回のルートの長さを実感
②西鎌尾根を通過。行く手には夕陽に染まる槍ヶ岳

③ところどころに狭い尾根も。滑れる場所では積極的にスキーを使い、時間と体力をセーブする

ROUTE 3

積丹山地ループ縦走

Syakotan Mountains Loop Traverse

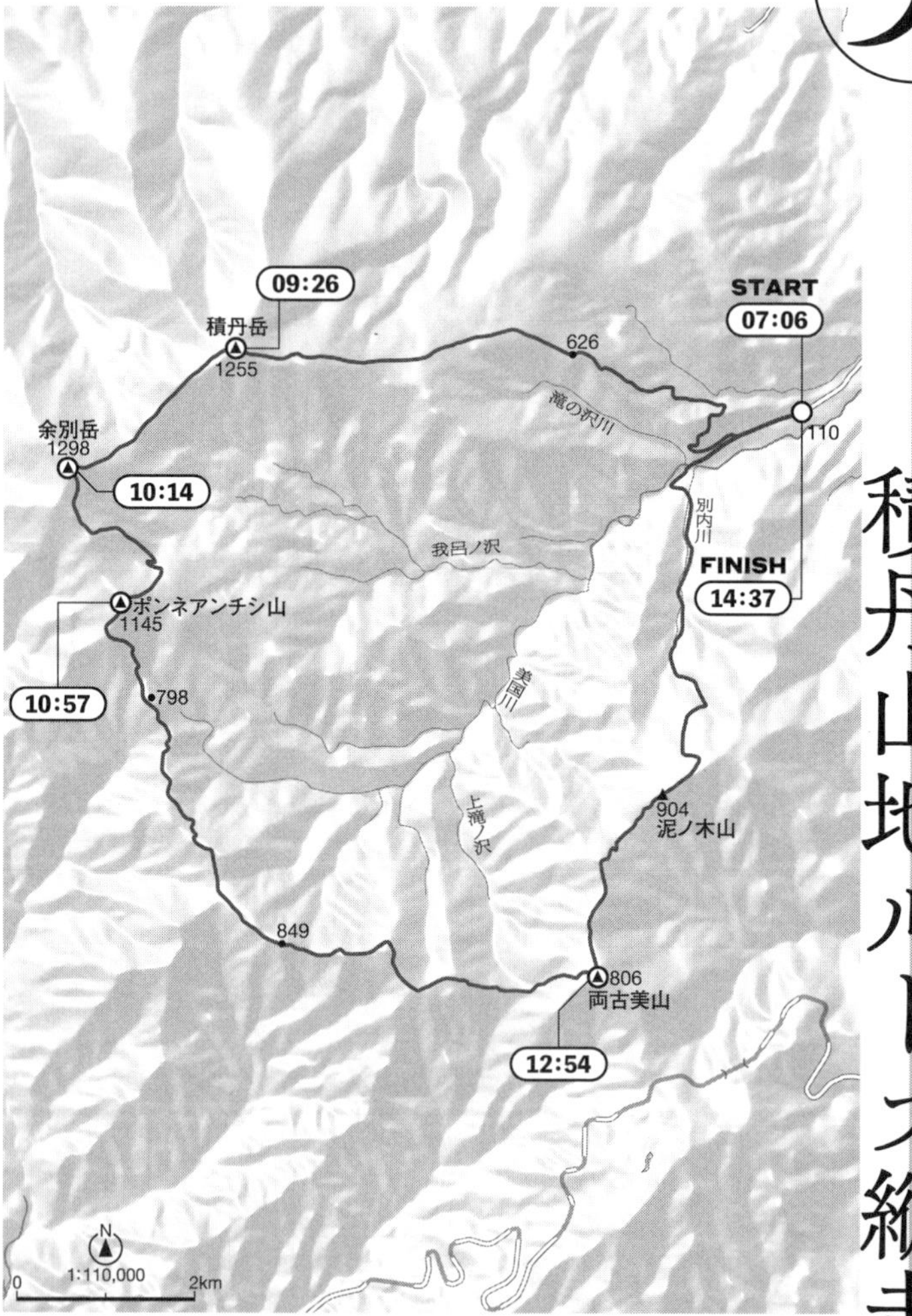

DATE	DISTANCE	TIME
2020年3月29日	27km	7時間31分

藤川のなかで印象に残っているスピードツーリングの一つに、2020年に行なった積丹《しゃこたん》半島の山の縦走がある。

積丹半島は、北海道の南西部にある渡島《おしま》半島の基部から、日本海に突き出した小さな半島だ。「積丹ブルー」と形容される美しい海が有名だが、実は、半島の大部分は山地で成り立っている。海岸線は山地から落ち込む険しい断崖絶壁となっているところが多い。

広い山地のうち最も有名な山は積丹岳で、登山道があるのはこの山だけだ。それでも日本百名山に入っているわけでもなく、北海道のなかで比較的マイナーな山と認識されているという。なお、積丹の山塊には特に名称は付けられていないが、本書では仮に「積丹山地」と呼ぶことにする。

「登山道は展望がないけど、山頂に行けばすごく眺めがいいんです。それに雪がそこそこ降るので、実は山スキーにはすごくいいエリアなんですよ」

藤川は以前からこのエリアを好み、毎年のようにスキーのガイディングでお客さんを連れて訪れていたという。ガイドツアーで登るのは、普通は積丹岳のみ。体力のあるお客さんの場合でも、隣の余別《よべつ》岳までだった。そこだけでも楽しい山だったが、藤川はこのエリアをもっとスキーで楽しめそうな気がしていた。

「さらに足を延ばして行けるルートはないかなって、以前から地図を見ながら考えていたんですよね」

地図を眺めていたら、稜線をつなぎ、ぐるっとまわって同じ場所に戻ってくるルートが浮かび上がってきた。これはいけるのではないか。しかもループ縦走なら車の回送や送迎の手配を考える必要もない。軌跡が円形になることも、藤川を楽しい気分にさせた。

「真円ではないですが、きれいなマルを描けるんですよね。ただの自己満足ですけど」

距離にして30㎞くらいだろうか。ちょっとしたスピードツーリングにはピッタリだ。なかなか実現のチャンスは訪れなかったが、藤川の胸のなかに「いつか行こう」というプランの一つとして温められていた。

２０２０年は、メインで考えているスピードツーリングの計画があった。それは、総距離約50㎞、険しい岩稜帯がある夕張《ゆうばり》山地のスキー縦走だった。

この年、あまり長い距離のトレーニングをしていなかった藤川は、夕張山地のスピードツーリングの前に、30㎞くらいのルートを何回か行なっておく必要性を感じていた。

そこで思い出したのがこの積丹のルートだった。距離的に夕張のトレーニングとしてちょうどいい。しかも、積丹岳から余別岳の間には切り立った難所があり、アルパイン要素をもつ夕張山地の練習としても適している。

「最初はトレーニングがてら、という気持ちでした。でも実際行ってみたら、積丹は、それをメインに訪れてもいいほど面白い山だったんです」

2020年3月29日、風も穏やかで、気温も上がり過ぎない絶好のコンディションが予想され、藤川は積丹山地ループ縦走を決行することにした。まだ辺りの暗い未明、藤川は積丹岳の登山口に着いた。

スキーにシールを着け、積丹岳冬期ルートである美国ルートから登り始める。ルート下部の雪の量はギリギリで、「あと一週間遅かったらスキーでは登れなかっただろうな」と藤川は思った。

北海道の山は、本州のアルプスなどと比べれば緯度こそ高いものの、標高は低い。このため、上部はゴールデンウィークあたりまで雪がたっぷり残るが、下部の雪解けは早い。特に積丹のように海に近い山では、4月に入ると日に日に雪が減っていく。

「こういう山はタイミングを見極めるのが難しいんですよね。厳冬期は天気の悪い日が多いし、自分のコンディションが整っていないこともある。かといって、春まで待つと、自分や天気のコンディションは整うけど、雪が解けてしまう可能性が高い」と藤川は言う。

ウォーミングアップのつもりで、調子を少しずつ上げながら積丹岳山頂へ向かう。今回使用するスキー板は、ツアースキーの最軽量モデルだ。3年前の日本オートルートのときは競技用のスキーを使っていたが、このころには、ツアー用のスキーにも、レース用に準じるくらいの最軽量モデルが登場する。レースほど速さを追求しないスピードツーリングでは、ある程度滑走性・安定性があるツアースキーのほうが具合がよかった。

積丹岳に登ると、一気に視界が開けた。これから向かう余別岳や、さらにその奥のポンネアンチシ山などがくっきりと見えた。陽は昇っていたが、山頂付近の雪はまだ硬く、カリカリの斜面を滑り降りて、余別岳へ向かった。

天気がよく、視界も良好。進む方向にまったく迷いはなかった。あちこちにスキー向きのよさそうな斜面が見えて、藤川は少し寄り道をしながら、余別岳へ向かった。面白そうな斜面を見つけるたびに、ちょっと斜面を滑っては、また登り返して尾根に復帰した。

余別岳、ポンネアンチシ山と越えて、南の両古美山《りょうこび》へと進んでいった。ポンネアンチシ山から先は藤川も初めて足を踏み入れるエリアだった。

「初めての場所は、オンサイト的な判断となります。どこをどう行けば、安全でスムーズに、ラクに行けるか、などを考えながらルートを選ぶんです。そういう意味では夕張に向けてのよい状況判断のトレーニングになりました」

余別岳は、雪があまりに硬ければスキーを外してつぼ足で登ろうと考えていたが、この日はなんとか山頂までシール登行で行くことができた。

両古美山へ続く尾根は、延々とアップダウンが続いた。だが、長い尾根歩きの間も、飽きることはなかった。今まで通ってきた山と、これから通る山が一望でき、素晴らしい眺望が楽しめたからだ。見る角度が変わることで、山々の表情も少しずつ変わっていった。

「ぐるっと周回するループ縦走では、ずっと同じ山々が見えているのに、どんどんその姿が変わる。面白いですよね。スピードツーリングだと、景色の変わり方も速いんですよ」

最後のピークである泥ノ木《どろのき》山を越え、別内川沿いの沢を滑り降りた。泥ノ木山の標高は９０４ｍ、ゴール地点は標高１００ｍほどだ。一気に標高を下げると、みるみる雪も少なくなった。

沢の途中からは、クマの足跡があちこちに付いていた。ついさっき水を飲んでいたと思われるような新鮮な足跡だった。下山すると、ハンターのものらしき車が何台も駐車しており、登山口には「ヒグマ捕獲中のため銃器使用中」という注意書きが置かれていた。

「この縦走で、いちばん怖かったのはこの時でした。クマも嫌ですけど、ハンターに撃たれる可能性が高かった。これは危なかったなと、後から思いました」

距離27㎞、累積標高差2500m。スピードツーリングとしてはコンパクトな縦走だったが、藤川は新しい名ルートを発見した気持ちだった。ほぼ稜線上をスキーで巡ることができる積丹山地は、図らずも山スキー向けの素晴らしいルートだった。

①積丹岳山頂から望む山々。滑走を楽しめそうな斜面があちこちに見えて心が躍る
②軽量ツアースキーはスピードツーリングに最適
③別内川沿いにはクマの形跡。春は冬眠明けのクマにも要注意だ

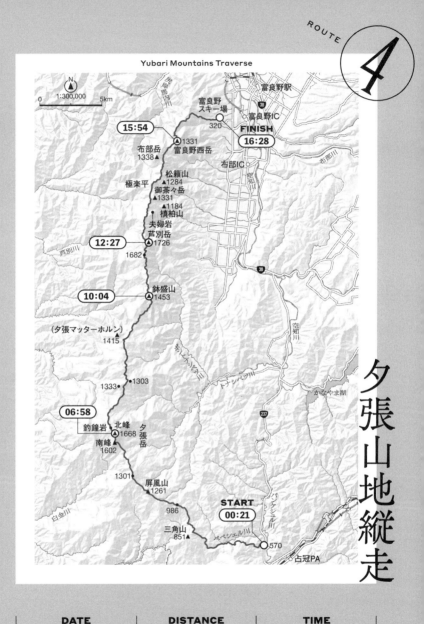

ROUTE 4

夕張山地縦走

Yubari Mountains Traverse

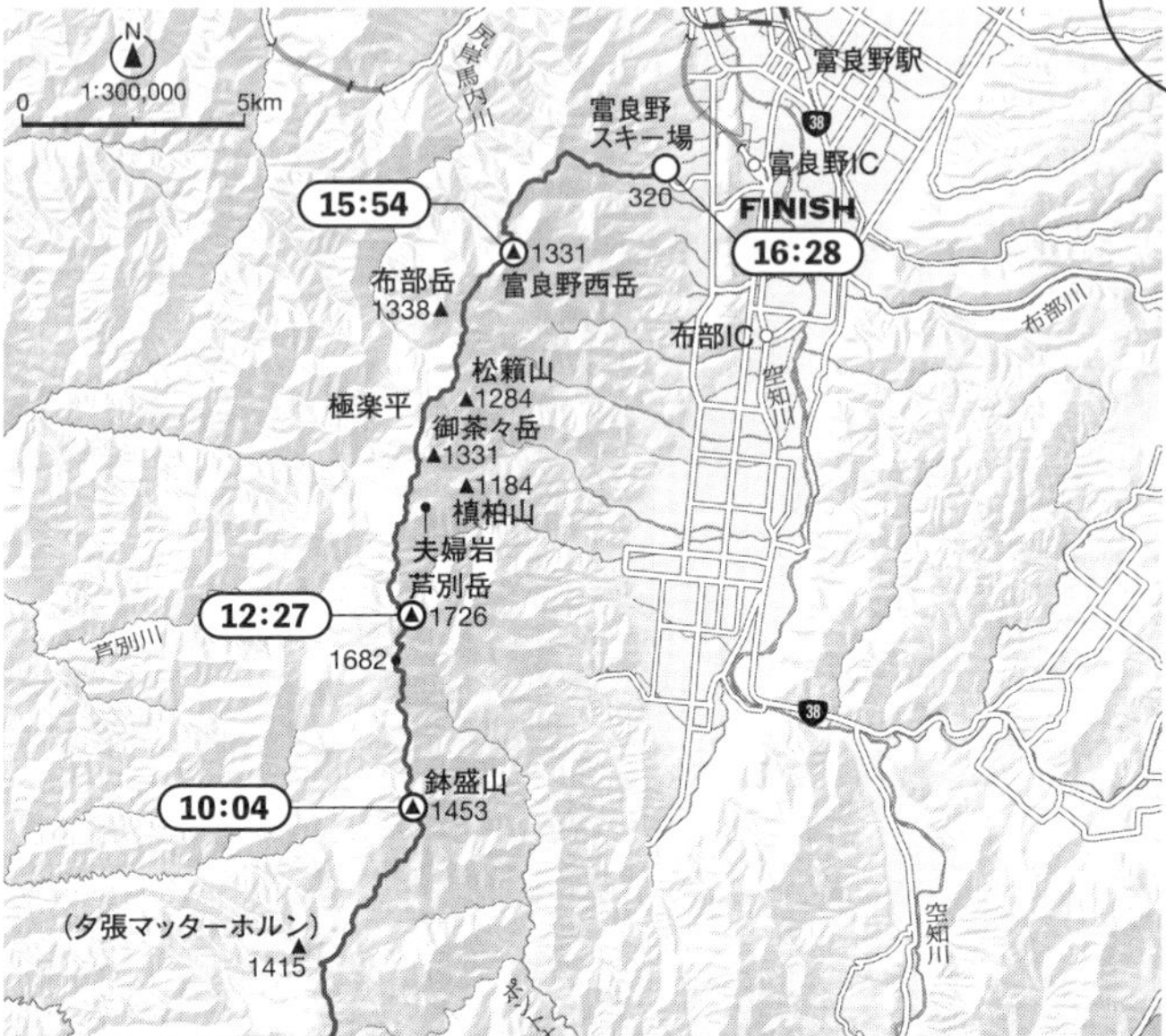

DATE	DISTANCE	TIME
2020年3月31日	53㎞	16時間7分

夕張《ゆうばり》山地は、夕張岳、芦別《あしべつ》岳、富良野西《ふらのにし》岳などを中心とする、北海道中央部に南北にのびる山塊だ。十勝・大雪山系や日高《ひだか》山脈の西側にあり、広義ではその北に続く、野花南《のかなん》岳や夕暎《ゆうばえ》山など標高1000m以下の山々も含むようである。

「夕張山地って、不遇の山地だと思うんですよね。あまりに有名で大きな十勝・大雪山系と日高山脈が近くにあるので、どうしても注目されにくかった。日本百名山に選ばれた山もない。でも、すごくいい山がたくさんあるんです。芦別岳なんかは、見た目もカッコいいし、登山道もいいし、景色もいい。完全に百名山の条件を満たしていると思うんですよ」

藤川の話を聞くと、夕張山地はその成り立ちから〝不遇〟なのだという。

「北海道の背骨」とも呼ばれる日高山脈は、地殻の隆起によって造られた。その背骨が造成される際、すぐ脇にできたヒダやシワのようなものが、夕張山地だそうだ。「夕張は、成り立ちからいっても〝シワ〟扱いなんですよ」と藤川はおかしそうに話す。資質はよいのに、主役になり切れない残念な感じが、ユニークな印象を与えているのだろう。

夕張山地のスピードツーリングは、これまでとは異なるものになると考えていた。その理由は山の難易度だ。夕張山地には、芦別岳などの岩稜地帯を含む険しい山があり、アルパイン要素が強い。これまでのスキー縦走とは次元の違う、高いスキー技術や登攀技術が求められる。

藤川が計画したのは、占冠《しむかっぷ》から入り、夕張岳、芦別岳、富良野西岳と、南から北上していくコースだった。

「夕張山地は、範囲の定義がすごく難しい。山地が最も長くなるように定義すると、全長130kmとか140kmくらいになるはずです。特に南端は不明確で、どこまでが夕張山地かが分かりにくいんです」

できるだけ山地すべてを網羅したいと思ったが、140kmもの縦走を行なうには、さすがの藤川でもワンデイでは無理だ。また、夕張岳より南は標高も低く、4月に入れば、かなり雪が解けてしまう。狙っていた2020年も、南端部の雪の状態は厳しそうだった。一般的には富良野西岳から芦別岳を経て夕張岳までを夕張山地と呼ぶことが多いようだが、藤川は山容的にも立派な屏風山《びょうぶ》をルートに入れたいと考え、南側は占冠からの入山とした。

2020年の3月は天候不順が続き、夕張の計画は延び延びになっていた。体のコンディションはまずまずで、27日には積丹ループ縦走へ。積丹から下山した藤川は、「今年は、夕張の縦走は無理かな」と、半ばあきらめかけていた。正直、積丹が楽しかったので、「積丹の縦走だけでも行けてよかった」と満足しているような部分もあった。しかし、天気というのは突然変わることがある。

「積丹から帰ってきて、疲れたなあと思いながら、次の日に天気予報を見ていたら、この先の天気がよいほうに変わっていたんです。それで、夕張に行かなければと思いましたが、体のコンディションは少し気になりました。体内のエネルギーが空になるほど本気で追い込んではいなかったですが、さすがに2、3日で完全回復はしないですから……」

藤川いわく、「超回復」と呼ばれる筋肉の再生サイクルは3日だという。もちろん登山のハードさによって回復期間は異なり、長期の縦走などで、筋肉疲労だけでなく、内臓に蓄積されたエネルギーも使い果たしてしまった場合は、回復に2~3週間、長いと1カ月くらいかかってしまう。

積丹の縦走では体の調子がとてもよかったので、このまま夕張も行けるかもしれないという期待はあった。しかし夕張山地のようなアルパイン要素が多く含まれる山行に安易な気持ちでは向かえない、とも思った。

藤川は迷った。しかし、天候・体調などがそろうチャンスが、今後そう何度も訪れるとは限らない。藤川は夕張山地縦走を決行することにした。

3月31日の午前0時21分、占冠の登山口をスタート。そもそも、この辺りを訪れることも初めてだった。地図を頼りに、まずは屏風山を目指すが、暗闇を進むうち、急斜面の絶壁に行き当たった。

「真っ暗ななか、この斜面をトラバースするのか……」と、初っ端から現われた難局にやや深刻な心持ちになった。でも、この先は、もっと厳しい難所があるはずである。

「これくらい行けないと、たぶんこの先は進めないだろう」

藤川は覚悟を決め、斜面にウィペットを突き刺した。なんとか斜面を突破して、緊張のトラバースを終えると、辺りは薄明るくなっていた。ほっと一息ついて、通過した急斜面を振り返った途端、衝撃を受けた。ほんの１００ｍほど下は平地だった。暗くて気付かなかったが、斜面の少し手前で下に降りていれば、何の苦もなくスキーを履いたまま通過できたのだった。


藤川は、山頂を踏む山を事前に決めていることが多い。今回の夕張岳縦走では、屏風山、夕張岳、芦別岳、富良野西岳の頂上には立とうと考えていた。

また、計画段階でルートのイメージをだいたい作っておくが、今回の縦走では、オンサイトの判断が多くなると踏んでいた。なかでも「夕張岳にどこから取り付くか」ということが気がかりだったが、実際に行ったことがなかったこともあり、イメージできなかった。ただ、山容的に崖のような場所はないため、どこからでも登れるだろうと予想はしていた。唯一、雪がちゃんとつながっているかどうかだけが心配だった。もし雪が途切れていてヤブ漕ぎすることになったら厄介だからだ。薄明の空に見えてきた夕張岳に目を向けると、真っ白く雪をまとっており、藤川は少し安心した。

夕張岳は、南峰と北峰からなる双耳峰で、一般には北峰が山頂とされ、南峰は登山道がないヤブの中にある。藤川は南峰に行ったことがなく、「この機会に行っておこう」と思った。東側のルンゼを詰め、まず南峰の山頂を踏み、そこから稜線を歩いて北峰へ向かった。登る斜面は東側に面していて、朝陽に当たって雪がゆるみ始めていた。山頂付近ではスキーを担ぎ、つぼ足で歩いたが、アイゼンの爪も程よく刺さり、登りやすかった。

夕張岳の主峰には午前7時頃到着した。山頂で景色を堪能したあと、気分よく北側の斜面へドロップイン。だが、滑り込んだ瞬間に、一気に緊張がこみ上げた。北面なので多少は硬いだろうと思ってはいたが、その予想をはるかに超えていたのだ。

「スケートリンクを斜めにしたみたいでした。アイスバーンを通り越して、エッジがまったく噛まない青氷で、もう途中で止まれなかった。無理に止まろうとしてエッジが外れたら、転んで滑落しかねない。もちろん、そんな場所でスキーを外すことなど絶対に無理ですしね」

山頂でアイゼンに履き替えるべきだったと後悔が浮かぶが、もう戻ることもできない。万一のときは斜面の横にある凍ったハイマツ帯に飛び込めば止まれるだろうか……。でも、岩でケガするかもしれない。最悪の場合は、板もストックも捨てて、ピッケルを刺してアンカーを作りながらアイゼンに履き替えてクライムダウンしよう。でも、ペースは大幅に落ちる……。

危険回避の選択肢を考えつつ、慎重にスキーをコントロールする。

「スキーって、速く、切れ味鋭く滑ることだけが技術じゃないと思うんです。自分のキャパを超えないように、スピードを抑えながら、いかに確実にスキーをコントロールするかということも、山では大切な技術です」

ターンができそうな場所に早めに目を付け、そこに向かって、ソロソロと降りていく。ターンの際は転倒の危険が高くなるため、なるべくターンの回数を減らすようなライン取りで滑っていった。

斜面の下部は、少し斜度が緩くなり、雪の硬さも若干マシになった。なんとかエッジが噛むようになり、余裕が出てきたところで止まり、ホッと胸をなでおろした。


シビアな滑走が可能だったのは、道具によるところも大きい。藤川は夕張でも、積丹と同じスキーとブーツを使っていた。昔、使っていたような競技用のレーシングスキーは、軽量性を重視するあまり、剛性を犠牲にしているところがある。剛性やセーフティ機能がある程度あり、それでいて軽量なツアーモデルの出現も、夕張山地のスピードツーリングを可能にしていたのである。

斜度が平らになると、雪も一気にゆるんできた。ここから先は、丘のような緩やかな起伏の繰り返しとなる。最も効率的なライン取りを考えながら、シールを着けたり外したりして進んでいった。

ひときわ目を引く鋭鋒が見えた。「夕張マッターホルン」だ。夕張山地のほぼ中心に位置する1415m峰のことで、尖った山容からその呼称が付いたと言われる。これで、行程のほぼ中間まで来たことになる。

今回は夕張マッターホルンは登頂せず、山麓を通過するのみだが、藤川は若かりし頃に、一度この山に訪れたことがあり、その思い出が蘇ってきた。その日は50㎝ほどの新雪が降った直後で、パウダースノーの当たり日だった。山の基部で休憩したいと言う仲間をおいて、一人で山頂に向かった藤川。頂上付近は濃いガスに巻かれていたので、登りのトレース伝いに戻ろうと思っていたが、登頂後に滑走開始して1ターン目で、ドドドドーッと盛大な雪崩が発生した。

運よく雪崩に巻き込まれることは避けられたが、表面に積もった極上パウダースノーはすべて流れ落ち、当然、登りのトレースはなくなっていた。藤川は、雪崩れた下の硬い雪の層を滑り降りて戻った。

今日の夕張マッターホルンは、きれいにその姿を見せてくれていた。当時のラインをなぞり、「よくあんな際どいところ行ったな」と、若気の至りだった昔の自分を思い起こした。

夕張マッターホルンの先も、広い尾根のアップダウンが続いた。コンパスで方向を確認しながら進み、時々、GPSでも現在地や方向を確認した。

アップダウンの連続は、藤川の体力を地味に削っていった。疲労感からか、荷物が肩に食い込むように感じた藤川は、鉢盛山で長めの休憩を取ることにした。時刻は午前10時になっていた。

今回もメインの行動食はエナジージェルだが、行程が長く難所が多いことから、レトルトカレーと、お湯で戻したアルファ米を持ってきていた。このあと芦別岳の難所を通過することを考えると、ここで体力を回復させて、できるだけ万全な状態にしておきたかった。アルファ米とカレーを食べ、20~30分ほど山頂で休むと、荷物も体も軽くなった。

芦別岳が目の前に見えてきた。すでに行程は三分の二を超えた。たっぷり時間を残してここまで来れたことに、藤川は安心した。焦らず冷静に、核心部となる芦別岳に取り組めるからだ。

芦別岳の手前のピークで、早くも難所が現われた。ピークからの下りの斜面が急で、雪崩や滑落の危険があった。

藤川はどのようなラインで芦別岳へ向かうかを考えた。南面なら雪もゆるんできているので、技術的には滑れないこともないだろう。だが尾根に戻るために、途中で斜面を横切らなくてはならない。トラバースでは雪崩も心配だ。そして、落ちたら止まらないだろう斜度。沢の底までは、５００ｍ以上ありそうに見えた。

北面を見ると、露岩もしているが、尾根に近い部分なら雪をつないで行けそうだった。傾斜も南面に比べると緩そうだ。試しにスキーを付けてソロソロと滑り込んでみた。

硬い！　太陽はだいぶ昇っていたが、斜面は氷だった。「危ない、危ない」と思いながら、山頂付近の尾根に戻る。夕張岳の反省もあり、藤川はスキーを使わない判断をして、ブーツとアイゼンでクライムダウンすることにした。

芦別岳手前のピークから下りた藤川は、再びスキーにシールを着け、芦別岳の斜面を登った。山頂は岩峰のため、頂上の手前でスキーを脱いで、またつぼ足になった。

山頂に立ち、これから進む方向に視線を向けた。北側には露岩したナイフリッジが１００ｍ以上延びていた。雪はところどころにしか付いておらず、スキーは使えない。ロープで支点を作って降りていくのが登山としてはセオリーだろうが、時間がかかってしまう。

藤川は、尾根を進むのをやめて、ルンゼを下まで滑り降り、再び尾根まで登り返すことで、核心部を下巻きに回避することにした。ピークの肩まで下り、スキーを履いて沢へ滑り込む。

北面だったので、下の吹き溜まりにはパウダースノーが残っていて、一瞬だけ滑走を楽しめたが、だいぶ標高を下げてしまい、尾根までの登り返しには労力を要した。

核心部を越えると、尾根は平坦になった。この先はもう危険な場所はないはずだ。藤川は、緊張から少し解き放たれた。

時刻は昼を過ぎて、雪はもうザクザクにゆるんでいた。スキーの滑りが悪く、シールを着けたまま歩を進めた。

日差しが暖かく、春の陽気だった。次第に登山者の足跡や、スキーのトレースが現われ始めた。この辺りには、松籟《しょうらい》山や布部《ぬのべ》岳という山がある。登山道がないため夏は登頂が困難だが、雪の時期にスノーシューやスキーを使って登山を楽しむ人がいる。マイナーな山を志向する渋好みの登山者には人気の場所だ。

午後4時前、藤川は富良野西岳に到着した。長い行程をこなして疲れてはいたが、よく知った場所まで来たことで安心感を覚えた。富良野西岳から北にも尾根が延びていた。地図上での夕張山地はもっと北に続いているが、今回の計画は富良野西岳までだ。これより北の山は標高も低く、もう雪も消えているだろう。ヤブ尾根を暗くなってから降りるのは厄介だ。

太陽はだいぶ傾き、薄暗くなってきた。気温も下がり、雪が締まってスキーの滑りがよくなってきていた。藤川は、富良野スキー場へ向かって滑っていった。

フィニッシュは午後4時28分。約16時間の縦走だった。

長大な夕張山地の縦走を振り返って、藤川はその魅力をこう述懐する。

「日本オートルートなどよりも、よっぽどリスクは高いです。でも、リスクの高いところばかりでもない。アルパイン要素が凝縮された核心部の前後では、長い距離でスキーをフルに活用でき、スキーツーリングのルートとしても魅力がありました」

アルパイン要素の詰まった夕張の縦走は、藤川にとって、自身がもつ山岳技術のすべてをぶつけた山行でもあった。

「自分の技術的に至らない部分は、いろいろとあります。今回はギリギリのところで行けましたが、学ぶことも多かった。得るものの大きい縦走でした。登山技術というのは少しずつしかステップアップできない。そのようななかで、ちょっと背伸びして頑張った山行でしたね」

①夕張岳南峰から北峰へと向かう　②鉢森山から振り返ると、延々と進んできた緩やかな地形が一望できた。尖っているのは夕張マッターホルン

③緊張の滑走となった夕張岳の北面。青氷の斜面をなんとか滑り終えた後、撮影した一枚　④芦別岳の急な斜面を登る　⑤芦別岳山頂。最後のピーク、富良野西岳が見えてきた　⑥核心部となった芦別岳の岩稜帯を振り返る　⑦無事に富良野西岳に到着。ゴールまであと少し

ROUTE 5

ヒュッテンケッテ

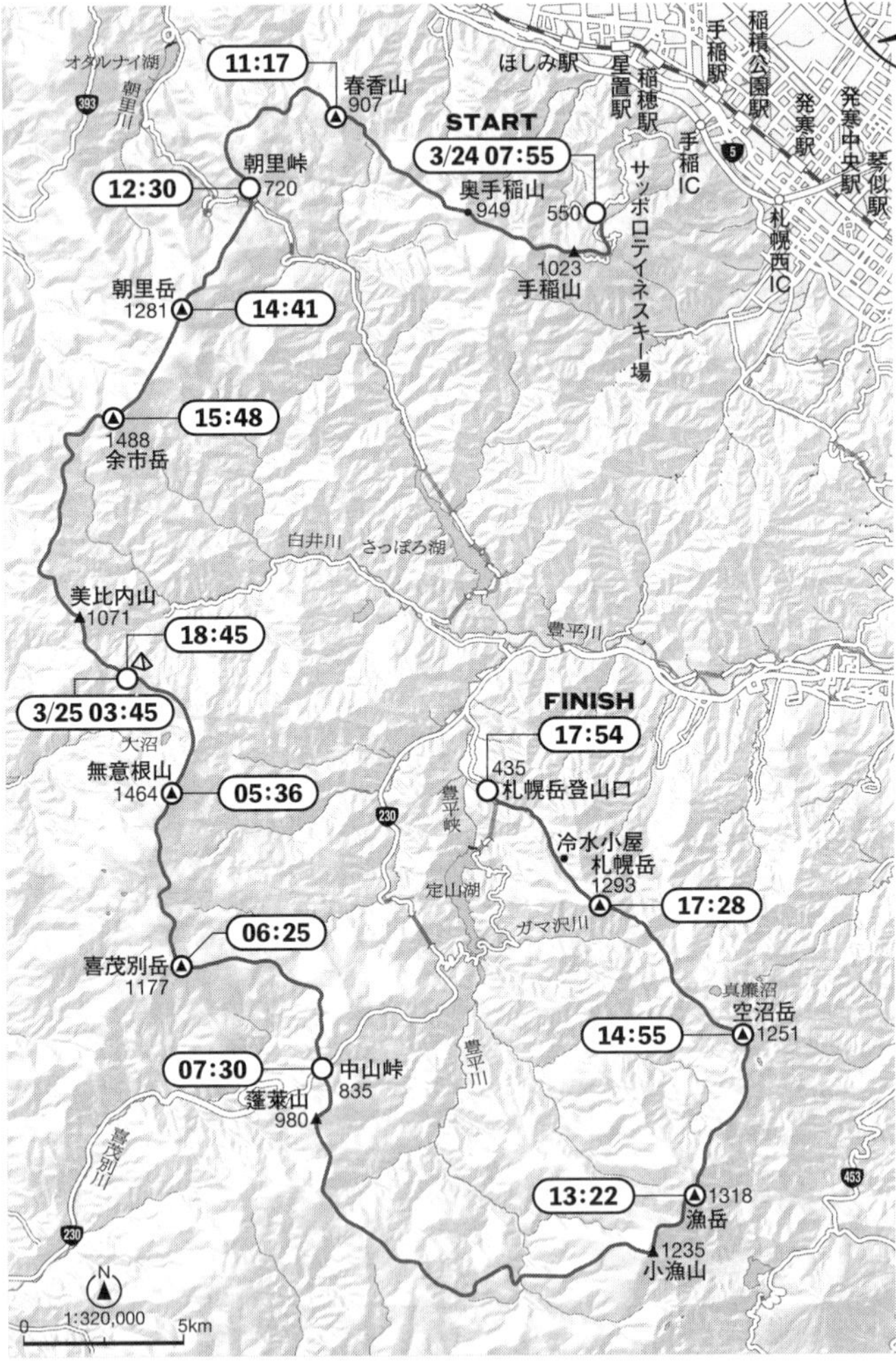

DATE	DISTANCE	TIME
2021年3月24～25日	101㎞	約24時間59分（行動時間）

1泊2日	1日目：10時間50分（約41㎞） 2日目：14時間9分（約60㎞）

ヒュッテンケッテ――。札幌市近郊の山々を結ぶ山スキールートには、一風変わった名前が付けられている。距離およそ１００㎞。札幌を流れる豊平《とよひら》川源流域の山々を、ぐるりと一周する長大なルートのことである。

このルートは、今から１００年以上も前に構想された。札幌を取り囲む山々に山小屋を作り、山スキーで縦走できるようにするという壮大な計画である。「ヒュッテンケッテ」とは「山小屋の鎖」という意味だそうだ。

最初に建った小屋は、１９２６（大正15）年、手稲《ていね》山に建てられた「手稲パラダイス・ヒュッテ」。建築家マックス・ヒンデルの設計によるスイス式スキーヒュッテで、二階建ての丸太組みの山小屋だったという（その後倒壊、１９９４年に再建された）。そこからは、定山渓《じょうざんけい》や札幌国際スキー場そばの「ヘルベチア・ヒュッテ」、空沼《そらぬま》岳山麓の「空沼小屋（別名・秩父宮殿下ヒュッテ）」など、次々に建設されていった。

しかし、ヒュッテンケッテのルート上のすべての小屋が建設されることはなく、建てられた小屋も老朽化により多くは消失してしまった。現在も残存する数少ない小屋は、北海道大学をはじめ道内の大学の山岳系の部などによって管理されている。

藤川がヒュッテンケッテを知ったのは、テレマークスキーの先輩夫婦の話からだった。その夫婦は藤川に北海道大学山スキー部の山行記録のコピーを渡してくれた。大学生が17日間をかけて行なった大縦走の記録に、藤川は魅了された。昔の人々の豊かな発想と、それを実現させようとした実行力、何よりも100kmというルートの長大さは、藤川のロマンをかき立てるのに充分だった。

2019年4月22日〜23日、藤川はヒュッテンケッテの最初の挑戦を行なう。あまりにも長いルートのため、スピードツーリングのスタイルは封印し、避難小屋泊で、食料もたっぷりと持参し、ゆっくりと進む計画を立てた。手稲山から出発し、余市岳《よいち》、無意根山《むいね》、漁岳《いさり》などを経て札幌岳《さっぽろ》へ向かい、途中、無意根尻小屋《むいねしり》に泊まった。このときは天気・体調などのコンディションがよく、1日目11時間21分、2日目11時間19分、合計22時間20分だった。藤川は、いつかこのルートをスピードツーリングのスタイルで挑戦したいと思った。

しかし、これは自分の能力を最大限に発揮した山行ではなかった。

「もっと長い縦走、もっと大きな山域に挑戦するために、自分がどこまで行けるかを試したかったんです」と、藤川は言う。

どこまで遠くへ行けるか——。それは距離への挑戦であると同時に、装備への挑戦でもある。

ワンデイ縦走の場合、荷物を軽量化することでスピーディーな行動を可能にしてきた。藤川のスピードツーリングは、軽量化が大きな鍵となっていて、体力と天候、積雪などのコンディションを万全に整えることで、荷物を極限まで軽量化し、安全性を保ちながら驚異的なスピードを実現できた。でも、ワンデイで行ける距離には限界がある。距離の限界を超えたいと思ったとき、どうしても山中泊が必要となってくる。

山中で1泊することを前提にした瞬間、そのスタイルは大きく変わる。最も影響が大きいのは装備の重さだ。テント泊であれビバークであれ、シェルターや食糧の分の重量が増えることになる。

「幕営装備を持った状態で、どういうスピードで、どのくらいの距離を行けるのか。それが知りたかったんです。これまでの自分だと、テントを担ぐ場合は、だいたい40kmから50kmくらいで時間切れ、体力切れだった。でも、できれば1日目に60km、70kmくらいまで距離を延ばしてみたかったんです」

2021年、藤川はヒュッテンケッテへの再挑戦を決意する。春に向けて、藤川はスキーシーズン前から準備を始めた。

いくら軽量化が鍵だとは言え、山では安全が第一である。藤川は最初に「安全を損なうような極端な軽量化はしない」と方針を決めた。

食料は、火器をはじめ、夕食や朝食もしっかり用意する。テントを持たず雪洞を掘れば軽量化できるが、雪洞を掘る体力や時間の節約、残雪期の雪質や量を考慮し、軽量なシェルターを持っていくことにした。

ルートについては、すでに一度行ったこともあり、頭の中に入っていた。準備で最も時間がかかるのは、体力づくりである。「体力こそが最も重要な安全装備」と考える藤川は、特にトレーニングを入念に行なう。これまでのスピードツーリングのトレーニングとは一転、重い荷物を背負って1日12時間以上、一定のペースで動き続けるトレーニングを冬の間に続け、雪の状態がベストになる4月に向けて体を仕上げていった。

あとは天気だった。3月になってすぐ気温が上がり、好天が何日か現われたが、このときは藤川のコンディションが間に合わなかった。3月後半、ようやく体が仕上がってきたころには天気がめまぐるしく変化し、予想が難しい日が続いた。

そうこうしているうちに、急速に雪解けが進んできた。予想以上の雪の減り様に、「今年はダメだろうか……」と思いながらも天気予報を見続けていると、3月23日の夕方になって、翌日と翌々日の予報が好転した。

「よし、ここで行くしかない！」

24日の早朝、天気予報を最終チェックし、そこから荷物をパッキングして自宅を出発。手稲山へ向かう。朝8時と、少し遅めのスタートを切った。

藤川としては、1日目にできるだけ距離を稼ぎたかった。2日目の天気が下り坂だったこともあり、行程の半分以上を進んで幕営し、2日目は余裕をもって下山したかった。

しかし、思い通りには進まなかった。荷物の重さが与える影響は、藤川が予想していたよりもはるかに大きなものだった。なんとかスピードを上げようとしても、体は思うように動いてくれない。手稲山を登る時点で「すげえ遅いよな……」と藤川は思った。

「事前に地図を見ながら、1時間でこの辺まで行けるだろう、と想定するんですけど、どこかでワンデイ縦走のスピード感覚を基準にしているんですよね。幕営装備を持ってでも、そのスピードで行けることが理想なんですが、やっぱり現実的にそれは無理でした」と振り返る。

手稲山までひと登り。ここからは、奥手稲山、春香《はるか》山を通り、朝里《あさり》岳へ向かって、尾根をつないでいく。この辺りはあまり特徴のない地形になっていた。天気はよい。しかし気温が高すぎる。尾根の標高は1000m前後と低く、朝なのにすでに雪は腐り、スキーの滑りが悪い。荷物の重さもあってかペースは一向に上がらない。ルートも単調で面白くなく、あまりの退屈さに藤川は意識が途切れそうになった。

朝里岳の山頂は、なだらかな丘のような場所で、山名が付いているのが不思議なくらいの平らな地形だった。ストップ雪と装備の重さのせいで、時間も体力も、思った以上に消耗していた。風が強まり、山にはガスもかかってきた。

朝里岳を越え、これもまた穏やかな山容の余市岳を越えると、ようやく山らしい雰囲気になってきた。だが、太陽はだいぶ傾き、藤川の疲労もかなりたまっていた。一日目で、無意根山を越えた先の中山峠付近までは進んでおきたかったが、このペースでそこまで行くのであれば夜間行動をしなくてはならないだろう。

結局、美比内《びひない》山を越えた辺りで藤川は力尽きた。スタートから40㎞ほどの地点だ。夜間行動をしてまで、先に進む体力・気力は残っていなかった。ここでビバークしたら、翌日の天候悪化前に札幌岳に到達することはまず無理だろう。「今回は途中で撤退になるかもな」と思った。南風がさらに強くなっていった。藤川は風を避けられる雪庇の下にテントを設置し、もぐりこんだ。

「明日はどこでエスケープしよう……」

藤川は食事を取りながら、もう撤退の計画を考え始めていた。その夜は、ほとんど気温が下がらず、寝るときもシュラフが要らないくらいの異常な暖かさだった。

夜明け前に目を覚ました。風は残っていたが、山を覆っていたガスは消えていた。明け方にはさすがに気温も少し下がったのか、雪も程よく締まっている。思ったより疲労が回復していて、体調もいい。

午前4時、ヘッドライトを灯して出発した。スキーがよく滑る。荷物の重さに慣れたのか、また食料が減って荷物が軽くなったからか、体も動いた。

「これなら行けるかもしれない」と藤川は思った。

最も容易にエスケープできるのが中山峠。だが、進み具合も快調で、ここで撤退する理由はなかった。藤川は先へと進んだ。

とはいえ、一晩で疲労が完全に取れるわけはなかった。昨日、追い込まれた足の疲労がじわじわと出始め、小漁山の登りでペースが落ちてきた。そのすぐ先の漁岳が最後のエスケープポイントだった。一瞬迷ったが、体力もまだ限界ではなく、天気もなんとか持ちそうだったため、ここまで来たら最後まで頑張ろうと決めた。

空沼岳に着くころには、だいぶ限界に近づいていた。空沼岳から札幌岳の間は、急なアップダウンの連続で、ひたすら苦闘が続いた。札幌岳の登りは本当にキツかったが、「最後のピークだ」と、疲れた体に喝を入れながら登った。

疲労困憊で札幌岳の山頂に到着したときは、ちょうど日没だった。足元や周囲が見えるうちに下山しようと、すぐにシールを剥がし、滑り始めた。冷水《ひやみず》小屋を経て札幌岳登山口へ。疲れた脚での長いスキー滑走だった。

2日間の行動時間は24時間59分と、2年前よりも遅かった。しかし、限界に挑戦しようと準備を重ね、ベストを尽くした今回の縦走に、藤川は満ち足りた思いを感じていた。また、この長大なルートが、百年以上も前に考えられていたことに、改めて感嘆した。

「今のように情報が豊富でなく、交通手段も乏しい時代に、どのようにしてこんなルートが作られたのか。たぶん、偵察に行くことも気軽にはできなかったはずなんです。アルプスのように人が多い地域でもないので、たぶん、長い時間をかけて、いろんな場所へ行った記録を集め、こういう一つのルートを作ったのではないかと思います。先人たちのその労力や、発想の豊かさは敬服に値します」

先人たちが示した豊かな発想力。それは、スピードツーリングの新たなルートを常に探している藤川にとっても、新たな気付きを与えるものだった。

「今は、地図や情報が簡単に手に入ります。インターネットで簡単に見られるし、地形図もお金を払えば手に入る。山の詳細な情報をすぐに得ることができる環境でルートを探していく作業は、時間がかかるかもしれないけど、発想力さえあれば決して難しいことではないと気付かされました」

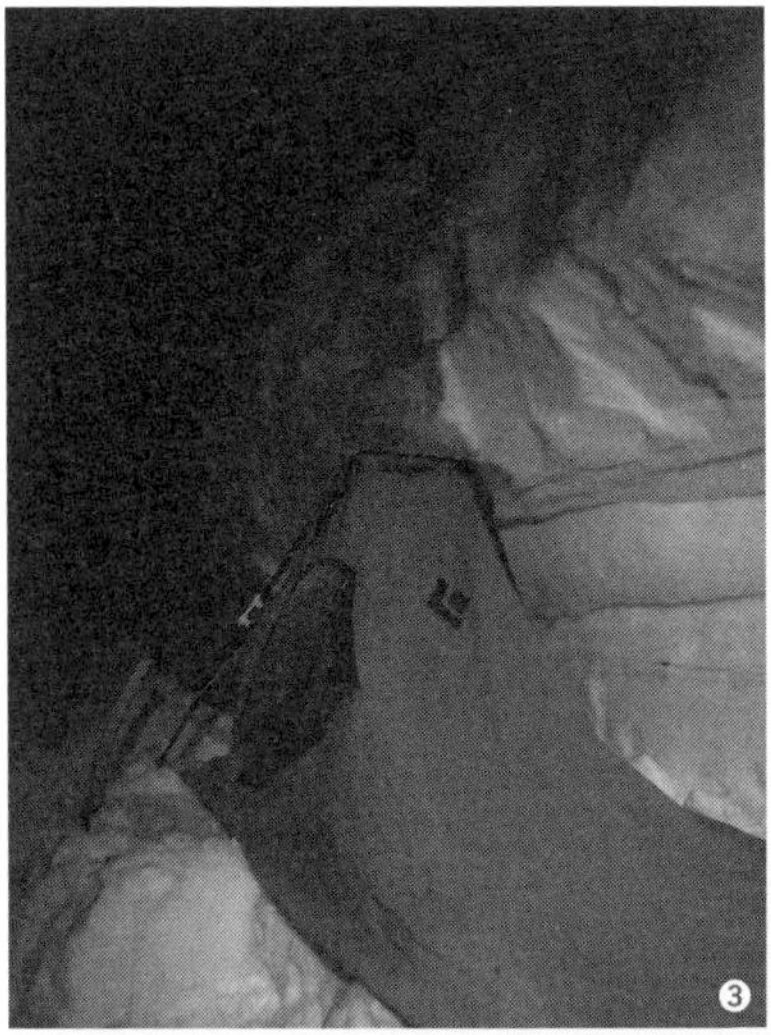

①余市岳へ。ストップ雪でスキーが進まない
②漁岳山頂。最後のエスケープポイントだが、先へ進むことを決意
③風が強く、雪庇下にシェルターを構築
④手稲山山頂から無意根山まで、ルート半分の展望

ROUTE 6

Mashike Mountains Loop Traverse

増毛山地ループ縦走

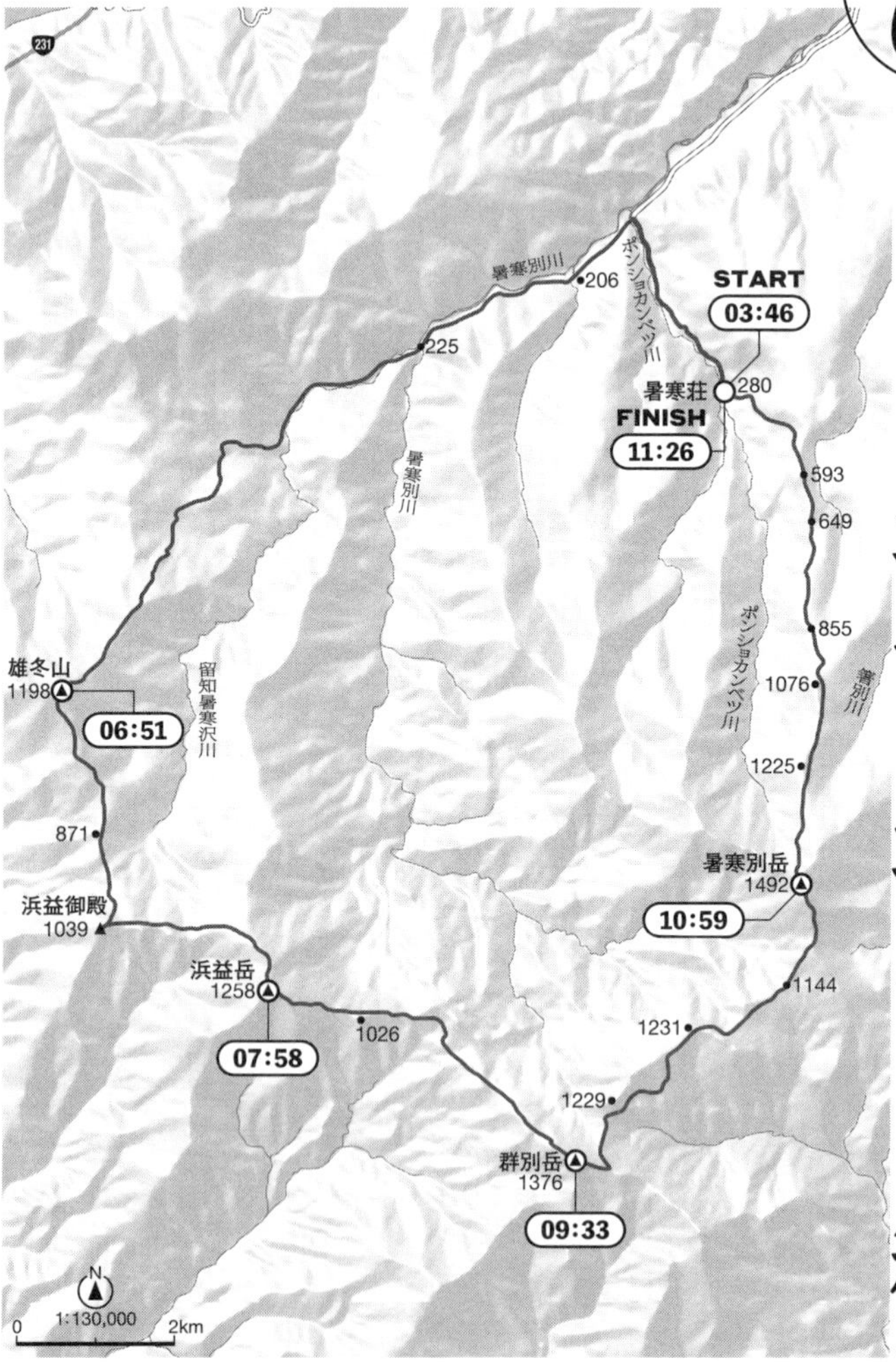

DATE	DISTANCE	TIME
2022年4月18日	40km	7時間20分

北海道西部、日本海に面した増毛《ましけ》町は、250年以上も昔から、ニシンの漁場として発展した歴史ある町だ。沿岸部のごくわずかな土地に集落が築かれているが、町の面積のほとんどは険しい山と谷によって成り立っている。

一般に「増毛山地」と呼ばれている山塊は、暑寒別岳《しょかんべつ》（1492m）を主峰として、そこから連なる南暑寒岳、雄冬《おふゆ》山といった山々を言う。夏道の登山ルートがあるのは、暑寒別岳と南暑寒岳、雄冬山くらいである。

「暑寒別岳は春スキーのメッカで、北海道の山スキー好きが毎年行くくらいのメジャーな山です。山頂は眺望がよくて、いい山がいっぱい見える。見ていると、あっちも行きたい、こっちも行きたいって思うんですよね。でも、暑寒別岳以外の山はアプローチが大変なので、実際はなかなか登れないんです」

藤川がこう紹介するように、暑寒別岳は山スキーヤーにとっては比較的なじみのある場所だという。藤川自身も好きなエリアで折に触れては訪れ、暑寒別岳以外にもさまざまな山に登っていた。

「いつかはここをつないで、スピードツーリングをしよう」

そんな発想が、藤川の頭の中に浮かんだことは自然なことだろう。

増毛山地について調べると、いくつかの先人たちの縦走記録が見つかった。ある程度体力のある人なら1日で行けるルートのようだ。スキーによる縦走のほか、スノーシューで踏破したという記録もあった。

暑寒別岳から群別岳《くんべつ》、浜益岳《はまます》、雄冬山は稜線でつなぐことができる。雄冬山と暑寒別岳を林道でつなぐと、ぐるりと円を描く周回ルートが出来上がった。藤川は最初に林道を通って雄冬山へ登り、暑寒別岳へ向かう計画を立てた。ただし、標高の低い林道をルートに含める場合、積雪量がネックとなる。春になっても林道に雪が残っているタイミングを狙わねばならない。

2021年から2022年にかけての冬は、ラニーニャ現象により北海道や日本海側を中心に記録的な大雪となった。日本海側にある増毛山地には雪がたっぷりと積もり、春になっても積雪が多く残っていた。「今年は増毛の状況がよさそうだな」と、藤川は思った。

春になり、好天予報が出た4月18日、藤川は増毛ループ縦走を決行する。

暑寒別岳の登山口である暑寒荘を、午前3時46分に出発した。今回はルートの四分の一、約8㎞が林道となる。標高250m前後の林道は、例年の4月なら雪が消えている場所も多いのだろうが、この年はしっかりと雪で覆われ、雪の状態もよかった。ヘッドライトを点けてはいたが、月が明るい夜で、おぼろげに周囲の景色が把握できた。藤川は快調にスキーを滑らせて林道を進んでいった。

雄冬山への登りに差し掛かるころ、夜明けを迎えた。ほぼ尾根伝いに斜面を登っていくと、まもなく山頂に到着した。午前6時51分。出発から3時間経っていた。

山頂は、雲ひとつない青空が広がっていた。昨夜、街で降った雨は、山の上では雪だったようで、5㎝ほどの新雪が積もっている。きれいに雪化粧された山々が一望できた。

山頂を後にし、南へ延びる尾根へ滑り込んだ。程よい広さをもった尾根は、適度な斜度で雪質もよく、爽快な気持ちで滑走を楽しめた。

浜益御殿のピークに軽く登り返し、浜益岳へ。スキー向きの斜面があちこちに広がっている。「いい斜面ばっかりだな」と藤川は思った。

登山道がない浜益岳は、夏はヤブ漕ぎとなるため、積雪期が登山シーズンとなる。雪や天気が安定する残雪期には山スキーヤーが訪れることも多い。しかしルートが長いので、普通は山頂まで行って戻ってくるので精一杯だ。周囲によい斜面があっても、そこを滑って登り返す時間はない。ループ縦走することで今まで滑ったことのない斜面を楽しめたのは新たな発見だった。

群別岳が見えてきた。山名を「ぐんべつ」と読む人もいるが、由来となったアイヌ語に倣えば「くんべつ」と読むのが正しいようだ。群別岳は「北海道のマッターホルン」という異名をもつ。夕張縦走のときに見た「夕張マッターホルン」と比べると、尖った山頂部が大きかった。

しかし、険しいのは麓から見える西面で、麓から見えない東側はなだらかな緩斜面が広がっている。一般的には東から登られることが多いが、今回は西側からのアプローチとなる。西面は、下部には積雪がしっかりあったが、山頂部は90度近い壁で、雪はほとんど付いていなかった。壁を避けて尾根伝いに登る選択肢もあったが、雪や天気の条件がよかったので、藤川は上部の壁にチャレンジしてみたくなった。

まず、下部をアイゼンとピッケルで登っていった。雪はまだ硬い。この調子なら上部の壁も行けるだろう。藤川は、勢いよくピッケルを壁に突き刺した。

ズボッ。思ったのと違う感触が返ってきた。岩だと思った壁は土だったのだ。すぐ崩れる！ 焦った藤川は、グッとピッケルを深く突き刺して、間一髪、滑落を防いだ。すぐ傍に生えていた低木の枝に手を伸ばした。

「もう全部、土だったんです。よくあれだけ脆い土で、あの壁の状態を保っていられるなと思いました。賢い人なら絶対に行かないところだと思います。久しぶりにビビりました」と藤川はその時の状況を回想する。

どうしよう。もう降りるのも難しい。藤川はソロソロと登っていくことにした。傍らの低木は今にも折れそうで、草よりはマシという程度の心許ないものだった。土壁はピッケルの利きが悪く、最後は指を立てて土に食い込ませながら登った。

「あれは行って後悔しましたね。難しい斜面に欲が出て、調子に乗ってしまいました」

なんとか壁を登り切った藤川は、ほっと一息つき、細い尾根を歩いて群別岳の山頂に立った。快晴の青空が広がっている。時刻は9時半。行程の三分の二以上は来ているので、余裕を持って下山できるだろう。この先は、危険を感じるような場所もないはずだ。

藤川は、暑寒別岳に向けて滑りを楽しんだ。よい斜面はそこらじゅうにあった。雪は少しゆるんできたが、腐るほどでなく、スキーはよく走った。疲れをそこまで感じることもなく、暑寒別岳までペースよく進むことができた。

暑寒別岳までくると、登山者の姿がちらほらと見え始めた。さすが人気の山だ。天気がいいので、登山を楽しむ人も多いのだろう。暑寒別岳の山頂到着は11時。ぐるりと周回してきた増毛の山々が一望できた。

40km余と少し長めのワンデイ縦走だったが、天気や雪のコンディションが整ったタイミングで行けたことは幸運だった。これまで訪れたことのある山々をつないだこの縦走ルートは、藤川に新しい発見をもたらした。

「一つ一つを個別に登ると、けっこう大変な山ばかりなんですけど、つなげて行くと登りと滑りのバランスがいいルートになる。滑走に適した斜面が多く、滑れる距離も長め。積丹のループ縦走よりもラクに行けるし面白かったです」

普段、登りや移動を楽しんでいることが多いように見られる藤川だが、やはりスキーヤーである以上、滑りが楽しめるのはポイントが高いようだ。

「増毛は、滑りの満足度としては、相当高いですよ。特に春スキーでは、北海道ではある意味、いちばんいいエリアかもしれない。ただ知られていないんです。一般的に暑寒別岳に行けるのは林道ゲートが開く4月下旬からですし、そのころはパウダーハンターの方たちはもう来ない。なので、ここのよさを知らないバックカントリースキーヤーはけっこう多いんですよね。でも、春のスキーツーリングのルートとしては、毎年行きたいくらいの面白いルートです」

①豊富な積雪で行程もはかどる。向かう先は「北海道のマッターホルン」群別岳
②群別岳西面の土壁で奮闘した後、細尾根を歩いて山頂へ
③ゴールの暑寒荘。ここでも積雪はたっぷり

CHAPTER

3

第3章

日本百名山早巡り

100 MOUNTAINS

藤川の記録のなかで知られているものの一つが「日本百名山早巡り」である。

２０１４年、藤川は日本百名山の連続登頂に挑戦した。９月１日、北海道の利尻岳からスタートし、10月３日に鹿児島県の屋久島・宮之浦岳でゴール。33日間での達成は、日本百名山登頂の最短記録となり、それは未だ破られていない（２０２４年現在）。

あらためて説明するに及ばないが、「日本百名山」とは、作家・深田久弥が名山として選定した日本各地の百座のことである。深田久弥が選んだ百の名峰は、登山者にとっての憧れや目標となり、百名山登頂ブームをも巻き起こした。

日本百名山の登頂を目指している人は多く、通常は、数年、十数年かけて達成することが多い。百座を連続登頂する人は少ないが、連続登頂記録から、自然と最短記録も生まれた。藤川の挑戦以前、百名山の最短記録は次のように更新されてきた。

・１９９６（平成８）年、重廣恒夫氏。１２３日間。
・１９９７（平成９）年、クレイグ・マクラクラン氏&トラヴィス・タイアロス氏。78日間。
・１９９７（平成９）年、久保井英朗氏。76日間。
・２００２（平成14）年、平田和文氏。66日間。
・２００７（平成19）年、島津康一郎氏。48日間。

ただ、これらの記録は、それぞれ挑戦のスタイルに違いがあるので、単純に日数だけでの比較はできない。特に移動手段については、公共交通機関を用いたもの、車を用いたものとあり、さらに車移動でも挑戦者自身が運転するもの、運転サポートが付くもの、などと条件にだいぶ差がある。

藤川は、日本百名山連続登頂に挑戦するにあたり「日本百名山早巡り」と題したホームページを作り、情報発信を行なった。このホームページや、藤川のブログ「テレマークスキー・ライフ」には、当時のリアルな挑戦の様子が投稿されているので、ぜひ本書と併せて見ていただければと思う。

[参考サイト]

「日本百名山早巡り」
http://fujiken.boy.jp/

藤川健ブログ
「テレマークスキー・ライフ」
http://telemark.fujiken.boy.jp/

MOUNTAIN 100

「日本百名山早巡り」登頂記録一覧

※●囲みの数字は登頂順を表しており、
P120〜123の表に対応しています。
山の名称はP120〜123の表をご参照ください。

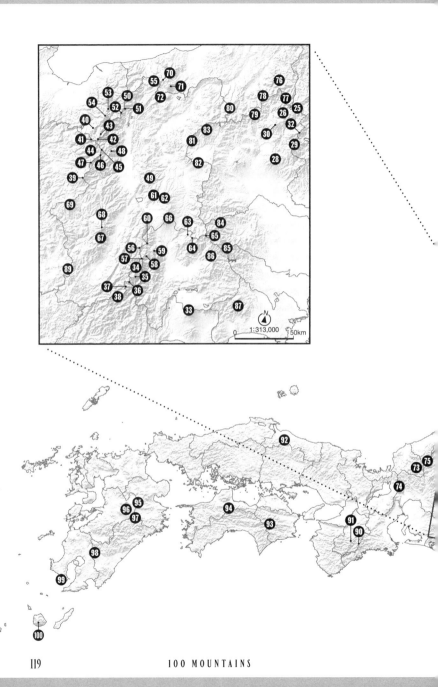

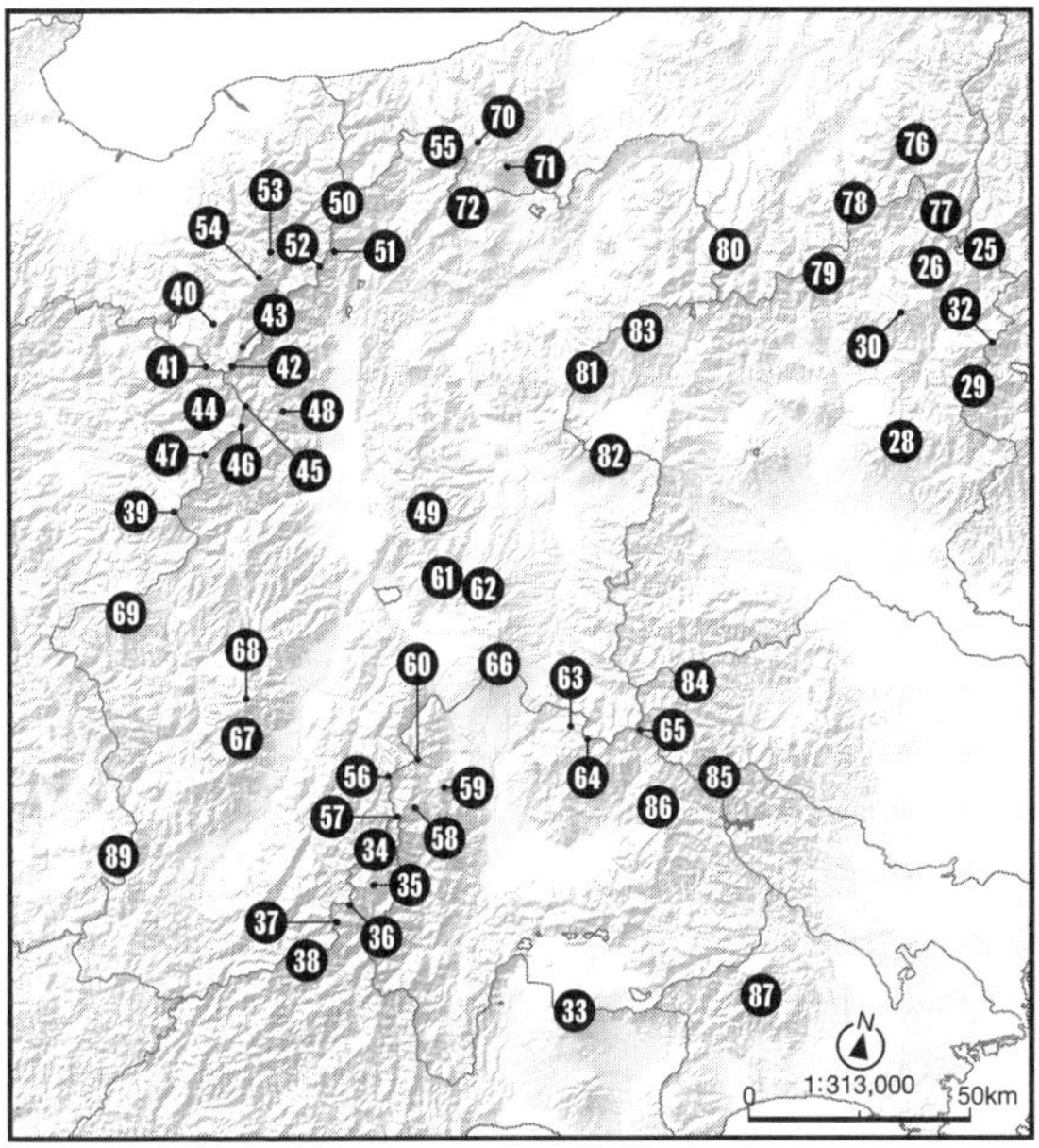
70
55
71
72
53
50
54
52
51
40
43
41
42
44
48
47
46
45
39
49
61
62
69
68
67
60
66
63
84
65
64
85
86
56
59
57
58
34
35
37
36
38
89
33
87
80
76
78
77
25
79
26
32
30
29
28
83
81
82
N
0
1:313,000
50km

92
75
73
74
95
96
97
94
93
91
90
98
99
100

	山名	よみ	標高（m）	都道府県	登頂日時	出発時刻/下山時刻
1	利尻岳	りしりだけ	1721	北海道	9月1日4時25分	鴛泊コース登山口2:15出発／6:45下山
2	大雪山	たいせつざん	2291	北海道	9月1日16時23分	旭岳ロープウェイ姿見駅15:39出発／16:52下山
3	十勝岳	とかちだけ	2077	北海道	9月1日20時08分	望岳台18:39出発／21:12下山
4	幌尻岳	ぽろしりだけ	2052	北海道	9月2日08時08分	シャトルバス終点4:55出発／10:54下山
5	トムラウシ山	とむらうしやま	2141	北海道	9月2日18時06分	短縮登山口15:36出発／20:33下山
6	羅臼岳	らうすだけ	1660	北海道	9月3日6時39分	岩尾別温泉登山口4:04出発／8:30下山
7	斜里岳	しゃりだけ	1547	北海道	9月3日12時30分	清岳荘登山口11:07出発／13:58下山
8	阿寒岳	あかんだけ	1499	北海道	9月3日17時36分	雌阿寒温泉登山口16:39出発／18:32下山
9	羊蹄山	ようていざん	1898	北海道	9月4日01時53分	京極コース登山口23:49出発／03:35下山
10	岩木山	いわきさん	1625	青森県	9月4日14時14分	八合目リフト乗車13:50出発／14:43下山
11	八甲田山	はっこうださん	1585	青森県	9月4日17時52分	酸ヶ湯温泉16:50出発／18:48下山
12	八幡平	はちまんたい	1613	岩手県・秋田県	9月4日21時32分	アスピーテライン見返り峠21:19出発／21:55下山
13	早池峰山	はやちねさん	1917	岩手県	9月5日05時41分	小田越登山口04:30出発／06:55下山
14	岩手山	いわてさん	2038	岩手県	9月5日11時46分	御神坂登山口9:36出発／13:22下山
15	鳥海山	ちょうかいさん	2236	秋田県・山形県	9月5日20時09分	祓川17:45出発／22:00下山
16	月山	がっさん	1984	山形県	9月6日06時45分	月山高原ライン八合目05:21出発／08:40下山
17	朝日岳	あさひだけ	1870	山形県・新潟県	9月6日14時04分	古寺鉱泉11:41出発／16:00下山
18	蔵王山	ざおうさん	1841	宮城県・山形県	9月6日20時00分	蔵王ハイライン蔵王刈田駐車場19:25出発／20:33下山
19	那須岳	なすだけ	1917	福島県・栃木県	9月7日08時41分	ロープウェイ山麓駅07:00出発／10:25下山
20	安達太良山	あだたらやま	1700	福島県	9月7日13時34分	ゴンドラ山頂駅12:59出発／14:05下山
21	吾妻山	あづまやま	2035	山形県・福島県	9月7日18時05分	西吾妻スカイバレー白布峠16:26出発／19:50下山
22	飯豊山	いいでさん	2128	山形県・福島県・新潟県	9月8日10時15分	大日杉登山口4:54出発／大日岳経由、14:56下山
23	磐梯山	ばんだいさん	1816	福島県	9月8日18時55分	猫魔八方台17:32出発／20:02下山
24	会津駒ヶ岳	あいづこまがだけ	2133	福島県	9月9日06時42分	滝沢登山口5:12出発／07:57下山
25	燧ヶ岳	ひうちがだけ	2356	福島県	9月9日10時50分	御池登山口09:06出発、至仏山へ縦走

	山名	よみ	標高（m）	都道府県	登頂日時	出発時刻/下山時刻
26	至仏山	しぶつさん	2228	群馬県	9月9日15時57分	燧ヶ岳から尾瀬沼、尾瀬ヶ原を通って縦走。17:13鳩待峠下山
27	筑波山	つくばさん	877	茨城県	9月10日01時21分	つつじヶ丘登山口00:15出発／2:15下山
28	赤城山	あかぎやま	1828	群馬県	9月10日06時55分	黒檜山登山口6:05出発／7:44下山
29	皇海山	すかいさん	2144	栃木県・群馬県	9月10日11時25分	栗原川根利林道の皇海橋10:13出発／12:25下山（※現在は廃道）
30	武尊山	ほたかやま	2158	群馬県	9月10日16時48分	川場谷野営場14:50出発／18:19下山
31	男体山	なんたいさん	2486	栃木県	9月11日06時45分	志津峠5:20出発／7:55下山
32	日光白根山	にっこうしらねさん	2578	栃木県・群馬県	9月11日10時30分	ロープウェイ山頂駅9:31出発／11:20下山
33	富士山	ふじさん	3776	山梨県・静岡県	9月12日06時23分	富士吉田口五号目03:08出発／06:32山頂出発／07:52下山
34	塩見岳	しおみだけ	3052	長野県・静岡県	9月12日16時26分	鳥倉登山口12:45出発／塩見小屋泊
35	悪沢岳(東岳)	わるさわだけ	3141	長野県・静岡県	9月13日09時39分	塩見小屋2:20出発／赤石岳へ
36	赤石岳	あかいしだけ	3121	長野県・静岡県	9月13日12時29分	悪沢岳からの縦走／聖岳へ
37	聖岳	ひじりだけ	3013	長野県・静岡県	9月13日17時08分	赤石岳からの縦走／光岳へ
38	光岳	てかりだけ	2592	長野県・静岡県	9月14日01時25分	聖岳からの縦走／易老渡に7:39下山
39	乗鞍岳	のりくらだけ	3026	長野県・岐阜県	9月14日14時23分	肩の小屋口13:50出発／畳平着14:59
40	薬師岳	やくしだけ	2926	富山県	9月15日07時00分	折立03:06出発／黒部五郎岳へ
41	黒部五郎岳	くろべごろうだけ	2840	富山県・岐阜県	9月15日10時49分	薬師岳からの縦走／鷲羽岳へ
42	鷲羽岳	わしばだけ	2924	長野県・富山県	9月15日14時00分	黒部五郎岳からの縦走／水晶岳へ
43	水晶岳	すいしょうだけ	2986	富山県	9月15日15時07分	鷲羽岳からの縦走／三俣山荘泊
44	笠ヶ岳	かさがたけ	2898	岐阜県	9月16日07時25分	三俣山荘2:24出発／槍ヶ岳へ
45	槍ヶ岳	やりがたけ	3180	長野県・岐阜県	9月16日12時52分	笠ヶ岳からの縦走／奥穂高岳へ
46	穂高岳	ほたかだけ	3190	長野県・岐阜県	9月16日17時14分	槍ヶ岳からの縦走／新穂高温泉20:00下山
47	焼岳	やけだけ	2455	長野県・岐阜県	9月17日07時23分	新中ノ湯登山口6:05出発／8:28下山
48	常念岳	じょうねんだけ	2857	長野県	9月17日13時09分	一ノ沢登山口10：50出発／15:17下山
49	美ヶ原	うつくしがはら	2034	長野県	9月17日17時40分	美ヶ原高原登山口17:19出発／18:00下山
50	白馬岳	しろうまだけ	2932	長野県・富山県	9月18日06時59分	猿倉登山口03:21出発／08:50下山

	山名	よみ	標高（m）	都道府県	登頂日時	出発時刻/下山時刻
51	五竜岳	ごりゅうだけ	2814	長野県・富山県	9月18日13時38分	白馬五竜スキー場10:53出発／鹿島槍ヶ岳へ
52	鹿島槍ヶ岳	かしまやりがたけ	2889	長野県・富山県	9月18日16時39分	五竜岳からの縦走／柏原新道で扇沢に19:52下山
53	剱岳	つるぎだけ	2999	富山県	9月19日08時30分	馬場島04:37出発／立山へ
54	立山	たてやま	3015	富山県	9月19日11時57分	剱岳からの縦走／13:19室堂着、14:40立山駅着
55	雨飾山	あまかざりやま	1963	新潟県・長野県	9月19日18時51分	雨飾高原キャンプ場17:21出発／20:20下山
56	仙丈ヶ岳	せんじょうがたけ	3033	山梨県・長野県	9月20日08時27分	北沢峠06:22出発／間ノ岳へ
57	間ノ岳	あいのだけ	3190	山梨県・静岡県	9月20日13時10分	仙丈ヶ岳からの縦走／北岳へ
58	北岳	きただけ	3193	山梨県	9月20日14時34分	間ノ岳からの縦走／広河原山荘泊
59	鳳凰山	ほうおうざん	2841	山梨県	9月21日05時33分	広河原山荘02:30出発／8:33北沢峠下山
60	甲斐駒ヶ岳	かいこまがたけ	2967	山梨県・長野県	9月21日11時17分	北沢峠09:30出発／13:48戸台着
61	霧ヶ峰	きりがみね	1925	長野県	9月21日16時08分	車山高原リフト乗車15:48／16:22下山
62	蓼科山	たてしなやま	2531	長野県	9月21日18時00分	蓼科山七合目17:10出発／19:03下山
63	瑞牆山	みずがきやま	2230	山梨県	9月22日06時01分	瑞牆山荘04:29出発／金峰山へ
64	金峰山	きんぷさん	2599	長野県・山梨県	9月22日09時00分	瑞牆山からの縦走／10:32金峰山荘着
65	甲武信ヶ岳	こぶしがたけ	2475	埼玉県・長野県・山梨県	9月22日13時17分	毛木平登山口11:25出発／14:35下山
66	八ヶ岳	やつがたけ	2899	長野県・山梨県	9月22日18時51分	美濃戸口16:53出発／20:51下山
67	空木岳	うつぎだけ	2864	長野県	9月23日07時35分	駒ヶ根高原04:10出発／木曽駒ヶ岳へ縦走
68	木曽駒ヶ岳	きそこまがたけ	2956	長野県	9月23日12時16分	空木岳からの縦走／14:00駒ヶ岳ロープウェイ終点に下山
69	御嶽山	おんたけさん	3067	長野県・岐阜県	9月23日18時12分	王滝口16:41出発／19:11下山
70	火打山	ひうちやま	2462	新潟県	9月24日06時44分	笹ヶ峰3:28出発／妙高山へ
71	妙高山	みょうこうさん	2454	新潟県	9月24日09時06分	火打山からの縦走／10:41燕温泉下山
72	高妻山	たかつまやま	2353	新潟県・長野県	9月24日14時18分	戸隠キャンプ場11:58出発／16:00下山
73	荒島岳	あらしまだけ	1523	福井県	9月25日07時13分	勝原口04:45出発／08:40下山
74	伊吹山	いぶきやま	1377	岐阜県・滋賀県	9月25日11時59分	伊吹山ドライブウェイ山頂駐車場11:46出発／12:12下山
75	白山	はくさん	2702	岐阜県・石川県	9月25日18時00分	別当出合15:32出発／19:52下山

	山名	よみ	標高（m）	都道府県	登頂日時	出発時刻/下山時刻
76	越後駒ヶ岳	えちごこまがたけ	2003	新潟県	9月26日06時35分	枝折峠登山口04:03出発／08:23下山
77	平ヶ岳	ひらがたけ	2141	新潟県・群馬県	9月26日12時59分	平ヶ岳登山口10:00出発/15:45下山
78	巻機山	まきはたやま	1967	新潟県・群馬県	9月27日06時11分	桜坂登山口03:58出発／07:46下山
79	谷川岳	たにがわだけ	1977	新潟県・群馬県	9月27日10時37分	ロープウェイ終点09:36出発／11:36終点駅に下山
80	苗場山	なえばさん	2145	新潟県・長野県	9月27日15時18分	町営第二駐車場13:31出発／17:03下山
81	四阿山	あずまやさん	2354	群馬県・長野県	9月27日22時32分	あずまや高原ホテル20:38出発／23:55下山
82	浅間山	あさまやま	2568	群馬県・長野県	9月28日07時20分	浅間山荘05:20出発／08:30下山
83	草津白根山	くさつしらねさん	2171	群馬県	9月28日11時37分	リフト山頂11:17出発／12:01下山
84	両神山	りょうかみさん	1723	埼玉県	9月28日18時49分	日向大谷口16:58出発／20:22下山
85	雲取山	くもとりやま	2017	埼玉県・東京都・山梨県	9月29日07時36分	鴨沢登山口04:47出発／09:30下山
86	大菩薩嶺	だいぼさつれい	2057	山梨県	9月29日11時55分	福ちゃん荘11:26出発／12:20下山
87	丹沢山	たんざわさん	1567	神奈川県	9月29日17時15分	青根登山口15:16出発／19:18塩水橋に下山
88	天城山	あまぎざん	1406	静岡県	9月30日00時54分	天城高原ゴルフコース23:19出発／02:22下山
89	恵那山	えなさん	2191	長野県・岐阜県	9月30日09時15分	広河原登山口07:30出発／10:54下山
90	大台ヶ原山	おおだいがはらさん	1695	三重県・奈良県	9月30日16時45分	大台ヶ原駐車場16:21出発／17:07下山
91	大峰山	おおみねさん	1915	奈良県	9月30日20時31分	行者還トンネル西口18:43出発／22:15下山
92	大山	だいせん	1729	鳥取県	10月01日07時03分	大山寺口05:30出発／08:01下山
93	剣山	つるぎさん	1955	徳島県	10月01日14時15分	リフト終点13:56出発／14:28下山
94	石鎚山	いしづちさん	1982	愛媛県	10月01日20時48分	土小屋口19:18出発／21:44下山
95	九重山	くじゅうさん	1791	大分県	10月02日08時16分	牧ノ戸口06:26出発／09:23下山
96	阿蘇山	あそさん	1592	熊本県	10月02日11時30分	仙酔峡登山口10:33出発／12:16下山
97	祖母山	そぼさん	1756	大分県・宮崎県	10月02日15時33分	北谷登山口14:30出発／16:36下山
98	霧島山	きりしまやま	1700	宮崎県・鹿児島県	10月02日21時54分	えびの高原21:09出発／22:36下山
99	開聞岳	かいもんだけ	924	鹿児島県	10月03日05時07分	二合目登山口03:35出発／06:06下山
100	宮之浦岳	みやのうらだけ	1936	鹿児島県	10月03日16時31分	淀川登山口14:21出発／18:55下山

日本百名山への憧れ

藤川は登山ガイド、すなわち山のプロフェッショナルだ。日本百名山の登頂を目指す登山者は多いが、登山を仕事にしているプロが踏破するという話は、実はあまり聞いたことがない。その点では、まず藤川が百名山を目指すことにしたきっかけが気になるところである。

藤川が日本百名山に興味を抱いたのは、登山ガイドをしていたときだという。

「〇〇山に登ったんですよ、××山はいい山でしたよ、などと、お客さんから百名山の話を聞くことが多いんです。自分は北海道の山ばかりガイドしているので、当然、登ったことのない山ばかりです。そのうち、登山ガイドなのに日本百名山を知らないのってどうなんだろう、と疑問に思うようになりました。あとは、多くの人が目指すくらいだから、やっぱりいい山が多いのかなと思ったんです」

百名山への興味が生まれてからは、百名山の話をすることが増えた。周囲の反応はさまざまだった。なかには「日本百名山なんてくだらない」「そんな挑戦に意味はない」などと否定的に言う人もいた。

「でも、百名山がよいか悪いかなんて、登ってみないと分からないじゃないですか。登ってもいないのに否定するのはおかしいと思ったんです」

藤川があらためて自分が登ったことのある百名山を数えてみると、20座くらいしかなかった。全国を巡る百名山ツアーの添乗員でもないかぎり、藤川のような個人ガイドが登るのは必然的に地元の山ばかりとなる。このままだと、北海道在住の自分が、日本百名山を達成することは一生ないだろう。そう思ったとき、「日本百名山をすべて登っておきたい」という気持ちが湧き上がってきた。

百名山早巡りの構想

どうやったら、仕事をしながら日本百名山を登れるだろうか。藤川は、百名山を踏破する方法について考えるようになった。

仮に1日1座とすると100日間。3カ月以上かけての全国の旅というのは、ちょっと贅沢すぎる。どうせならトレーニングを兼ねて速く登り、期間を短縮しよう。ゆっくり登るよりも、自分のペースで走ったほうが気持ちよく登れる。それに、簡単に登れる山もあるから、1日2座は余裕だろう。そうすると50日間。……うん、アリだな。時期は登山ガイドの繁忙期である7月から8月中旬は無理だから、9月から10月がいい。ちょうど山は登山者が減り始めて、走りやすくなる時期だ……。

　また、必要経費は多額になることが想定される。なかでも大きな部分を占めるのが交通費だ。特に北海道から本州への移動の回数が増えるほど金額も増えていく。

「じゃあ、一回で百名山を終わらせよう」と、百名山の連続登頂を決めた。

　計画を立て始めると、過去に行なわれた連続登頂記録が自然と目に留まるようになってきた。当時の最短記録は、２００７年に屋久島のガイド・島津康一郎氏が達成した48日間だった。

「それを知って、むくむくっと欲がでてきちゃったんですよね」と藤川は笑う。

「頑張れば、最短記録を狙えるんじゃないか。どうせ20座くらいしか登っていないのだから、このさい百座すべてを登って、可能なら最短記録を作ろう」

　そう思った藤川だが、現実的に達成できるかどうかはまったく判断がつかなかった。毎日、山に登り続けるには、どのようなスピードやペースを保てばよいのかが分からなかったのだ。

「1日2座はイメージできるけど、1日3座以上を何日も登り続けるイメージがわきませんでした。毎日、休みなく登り続けることで、どのくらい疲労やダメージが蓄積されるのか、想像できなかった」と藤川は言う。

　最終的には、天候さえ順調であれば、最短記録は達成できるような気がした。しかし、最短記録を作ったうえで、どれだけ短縮できるかもポイントだと考えた。30日を切るという野望も頭に浮かんだが、そのためには1日3座から4座は登らないといけない。移動の時間も必要だし、天候によっては停滞の可能性もある。結局、「40日以内」を現実的な目標として定めた。

最短記録を目指す

「日本百名山早巡り」の構想は、何年かの間、藤川の胸のなかで温められていたが、ついに実行に移されることになる。

2014年3月、藤川が札幌の居酒屋で、当時のサポートメーカー「ディナフィット(Dynafit)」の営業担当者と酒を飲んでいたときのことだった。

「実は、今年の夏あたり、百名山を連続登頂して、できれば最短記録を狙いたいと思っているんです」

そう藤川が話をしたところ、こんな返事が返ってきた。

「いいじゃん。やるならとことんやりなよ、全力でサポートするよ!」

ここまでの好意的な反応は初めてだった。藤川は感激し、次のように思った。

「よし、やるならとことんやろう。自分ができる最大限の努力をして、最短記録を作ろう」

後から分かったことだが、ディナフィットではその年からトレイルランニング用の商品を日本で展開する予定で、商品を売り込むための営業用のネタを探していたのだった。そこに藤川の挑戦がタイミングよくハマったというわけである。

藤川は、一気にモチベーションが上がり、すぐに準備に動き出した。また、最短記録の更新だけでなく、可能な限り期間を短縮しようという視点で考えるようになった。

まず決めたのは、「ひとりですべてのことをやるのはやめよう」ということだった。他者に協力してもらえる部分は助けを得る。ロープウエーなどの交通手段も積極的に利用し、「期間短縮のために使えるものはすべて使う」と方針を立てた。

時間を問わず山から山へ移動するには、やはり車が必要になるが、登山で疲れた自分が運転を行なうのはリスクが高い。車の運転を他人にやってもらえれば、移動中は休息時間に充てられる。運転はサポートを頼むことにした。予算的に宿に泊まる余裕はなく、基本は山麓での車中泊を前提とすることにした。

必要経費は、計算したところ、概算で240万円だった。経費を全額、自費で賄うのは厳しいものがあった。スポンサーメーカーから支援もあったが足りず、藤川はクラウドファンディングで資金を募ることにした。クラウドファンディングで集まった資金は104万円。メーカーからの支援金と併せても経費の半分にも満たず、残りは自腹となったが、ここまできたら、もうお金の問題ではなかった。

「お金は無くなっても後から稼げるし、足りなければ借金という方法だってある。それよりも、時間や体力のほうが大きな問題でした。当時は、自分がアスリートとして最高のパフォーマンスを出せるのは、あと2、3年だと思っていたから、焦りのようなものもありました」

百名山に向けた準備

藤川は、多くの人を巻き込んで、これだけの挑戦をするのだから、準備不足や努力不足、ささいな確認や配慮の不足などは避けたいと思った。

最も慎重になったのは、サポートドライバーを誰に依頼するかだった。百名山の挑戦中、常に一緒に行動する相棒であり仲間となるからだ。

自分も山登りで疲れがたまってくるだろう。でも、ドライバーはもっと疲れるはずだ。夜中だろうが長距離だろうがお構いなしに、自分が下山したら、たたき起こされて運転を強いられる。しかも、百名山はただの自分の道楽だ。ドライバーはそれに付き合わされるだけで、何のメリットもない。つまり、自分の道楽に付き合ってくれて、お互いが疲れた時でも一緒に居られる人でなければならない……。

藤川は、何としても気心の知れた人にドライバーを頼みたいと考えた。負担を考えて、数人体制でサポートしてもらうことにして、1人の人にお願いする期間は1週間くらいまでとした。また万一、藤川が事故や遭難に遭った際には、迅速かつ適切に動いてもらう必要があった。必然的に、昔から付き合いがある山の仲間や、ガイド仲間に頼むことになった。彼らに支払える謝礼は、その過酷な労働にまったく見合わない、なけなしの額だったが、みな快く引き受けてくれたのがありがたかった。

移動に使う車は、レンタカーにした。知り合いの紹介もあり、百名山の企画書などを提出することで、トヨタのハイエースを割引価格で借りることができた。

また、藤川はサポートドライバー全員に、運転時は法定速度を厳守するように強くお願いした。些細な交通ルール違反などで、自身が成し遂げようとする最短記録にミソが付くようなことは避けたかった。運転速度を監視するために、車にGPSを設置したくらいだった。また、無理に運転を急がせても、お互いに疲れるだけだとも思った。もちろん移動には時間がかかったけれど、その時間は自分の休憩に充てられると考えれば、必ずしも悪いことではなかった。

百名山を巡る順番は、北海道から開始して南下するということを決めただけで、細かくはそのときの天気や体調、時間によって判断することにした。北からとしたのは、北海道の百名山にはコースタイムが長くてハードな山が多いが、藤川にとっては馴染み深い山ばかりで、時間が読みやすく、スタートダッシュをかけやすいからだった。また、10月になると北海道の山は降雪の可能性もあったからである。

地図は、縮尺2万5000分の1の地形図をインターネットからダウンロードして印刷した。ルートが紹介されているガイドブックも数冊持った。市販されている縮尺5万分の1の登山地図は等高線が分かりづらいため使わなかった。標高差を把握しやすく、アップダウンがイメージしやすい2万5000分の1地形図を、藤川は常用していた。

出発の前に、百座すべての登山口と登山ルートを頭に入れた。複数のルートがある山は、三通りくらいの計画を考えておき、天候やアクセスによって臨機応変に対応することにした。

装備

藤川はいくつかのメーカーにサポートを受けていた。そのため百名山の装備は、それらのメーカーに協力を依頼した。

シューズは、トレランシューズや長距離縦走向けのゴアテックスシューズなど、7足を提供してもらった。藤川はインソールも重要視していたので、愛用するメーカーのものを、7足のシューズそれぞれに用意した。

バックパックは、トレイルランニング用が二つ。縦走用が一つ。テント泊用が一つ。自分用とは別に、レスキューザックも一つ用意した。自分に山で何かあった場合に、サポートドライバーがそれを担いで山に登り、救助に来てもらうためのものだった。

テントも、縦走用のコンパクトなものを1張と、車泊がつらくなったときに使う大きめのものを1張、用意した。結果的にすべて車中泊または山小屋泊となったが、アルプスの縦走では山小屋に泊まれないケースも想定して、テントを担いで歩いた。

ウェアのサポートメーカーからは、Tシャツ約50着、雨具3着を提供してもらった。Tシャツはほぼ使い捨てにするつもりだった。途中でコインランドリーに立ち寄って洗濯をしている時間はないからだ。洗濯くらいするよ、と申し出てくれたドライバーもいたが、洗濯をする時間があるなら、その間は体を休めてほしかった。

スキーヤーである藤川は、トレッキングポールを積極的に登山に活用している。この挑戦でもダブルポールを3セット用意。ほとんどの山で使っていたという。

「推進力というよりも、バランスの維持とサポートに使いました。最も効率がいい歩き方は、体幹や重心をブレさせずに真っすぐ進むことですが、不安定な山道では、どうしても重心がブレてしまい、重心を元の位置に戻すのに筋力を使います。だから、重心がブレかけたときにポールを突いてバランスを取ってあげると、筋力をセーブできるんです。転倒防止にもなりますしね。短距離ならポールを持たないほうが速く登れますが、ある一定以上の長い距離になったら、ポールを使ったほうが結果的に速く行けます」

今回は夜間登山も多くなると考え、ヘッドライトは照射時間を意識して選んだ。

「明るさはそこまで気にしていませんでした。スキーと違って、登山道があるので、前方と足元が照らせれば充分です」

怖いのはバッテリー切れだ。ある程度使用したら、まだ残量があっても、こまめに新しい電池と取り換えるようにした。ユニークなのは、ディナフィットから四つもライトがついたヘルメットを提供してもらったことだ。四つのライトを点けると、周囲がまるで昼間のように明るくなったが、バッテリーの減り方も早かった。

もちろん、北アルプスの縦走などで使う、普通の登山用ヘルメットも用意した。

百名山のチャレンジの様子は、リアルタイムに近い形でブログやホームページにアップしていくつもりだった。また藤川は、全国各地の山に行くということもあり、百名山挑戦中は、たくさん写真を撮って、思い出を収めたいと思っていた。

通信手段として携帯電話は必携だが、それとは別にコンパクトデジタルカメラと、タブレット端末を用意し、下山するたびにブログやホームページの更新を行なうことにした。

補給

補給に関しては、トレイルランニングのノウハウを積極的に取り入れた。吸水用として、ハイドレーションと、ウォーターボトルを用意。また保温ボトルも準備した。ハイドレーションは便利だが、カビやすく、洗うのに手間がかかる。このため、百名山ではウォーターボトルを主に使用した。

登山中のエネルギー補給は、9割方をスポーツ用のエナジージェルにした。

藤川は、スピードツーリングなどパフォーマンスを重視する登山では、ジェルを愛用していた。すぐに体に吸収されるため、消化のエネルギーを使わず、体力の消耗を防ぐことができるからだ。百名山では、最低1時間に1個の頻度で、このジェルを摂取した。

藤川は、百名山の後でこのように振り返っている。

「最初はパンなどの固形物も取っていたんですが、調子に波があるんです。そのうち、固形物を食べた後にパフォーマンスが下がることに気付き、途中から行動食はすべてジェルにしました。固形物は、消化にエネルギーを取られてしまう。食欲は満たされるけど、結果的に疲れるし、スピードが落ちてしまうんです」

そのぶん、山から下りた後には、しっかりと食事を取った。いや、しっかりと、というよりも、大量に、だった。一度の食事で、コンビニ弁当2個に、パンやスイーツを追加。サラダは必ず食べた。内臓のコンディション維持のため、野菜は意識的に取るようにしたという。一食の摂取カロリーはおよそ2500〜3000キロカロリー。多いときは一日4回から5回の食事を取っていたという。登山中のジェルなども含めると、一日の摂取カロリーが2万キロカロリーを超える日も珍しくなかった。

「食べられなくなったら、動けなくなる。食べ続けられるための内臓の強さも、登山では大切なんですよね」と藤川は言う。

余談になるが、藤川は大食漢である。海外でパスタを食べる大食い大会に飛び入り参加し、優勝したこともあるという。人並み外れた体力の源は、やはり食に支えられているのであった。

百名山を巡っている最中、飲食店で食事をすることはほとんどなかった。下山後はすぐに移動を開始し、コンビニで食事を購入して、移動中の車のなかで食べた。

「コンビニ弁当も食べ続けていると、だんだん体が受け付けなくなってくるんですよ。味付けが同じだったりして、最後のほうは無理やり体に押し込んでいる感じでした」

安全登山とは

藤川には、この挑戦を通じて広く伝えたいことがあった。

装備を軽くして速く山を駆け抜ける登山スタイルは、「ライト&ファスト」と呼ばれる。当時はトレイルランニングが普及し、登山にもこのスタイルが広まってきた時代であった。だが、軽量な装備で山を速く登ることに対して、危険だと批判する声も根強くあった。

もちろん、軽量化を過剰に重視した結果の装備不足や、登山の途中でバテてしまうような無謀なスピード登山などは危険であるが、軽装備イコール危険という捉え方は間違っていると藤川は考えていた。藤川は、装備をたくさん持つことだけが安全登山ではないと伝えたかった。必要以上の重い荷物を持つことは体力を消耗し、むしろ危険につながる可能性があるからだ。

藤川は「安全登山」についての見解を次のように語る。

「山に登るうえで、いちばん大切な装備って何だと思いますか？　僕は、体力だと思うんです。天候が悪化したときにも動き続けられる体力。少しでも早く危険地帯を抜けられる体力。余分な装備を持たず、速く山を行くというライト&ファストのスタイルは、安全登山の理にかなっています。また、走ることで程よく集中でき、緊張感もあるので、周囲の状況に敏感になれます。さまざまなことを察知できるので、危険も回避しやすいんです」

アスリートとしての転機

そのころの藤川は、夏は、登山のガイドと、造園会社でのアルバイトで生計を立てていた。造園の仕事は、正直なところ日銭を稼ぐためだけにやっていた仕事だったが、そのわりに一日の拘束時間が長かった。そのため、アスリートとしてのトレーニング時間を確保することができず、冬場のパフォーマンスも落ちてしまうという悪循環に陥っていた。

当時の藤川は、仕事とアスリートとしての生活バランスを上手に取ることができずに悩んでいたという。ＳＫＩＭＯは日本ではマイナースポーツのため、ヨーロッパへの遠征費用などは、ほぼすべて自費であった。夏にお金を貯めないと、大会にも参加できなかった。

そんな藤川にとって、この「百名山早巡り」は、環境を変えるよいきっかけになった。

「百名山早巡りの前に、造園の仕事を辞めました。このときの判断は、今でもよかったと思っています。夏にトレーニングの時間をとれるようになって、冬場のパフォーマンスも上がり、アスリートとして生活を築けるようになりました」

驚異のスタートダッシュ

8月後半になると、藤川はすべての予定を空けて、毎日、天気予報をにらんでいた。土地勘がある北海道の山を一気に終わらせるため、3〜4日間は連続して晴れるタイミングでスタートしたかったからだ。

8月31日、晴れ予報が続く絶好のタイミングで、藤川は利尻島へ向かうフェリーに乗り込んだ。9月1日の未明、利尻岳に登頂。すぐにフェリーで稚内へ戻った。飛行機を使わず、フェリーを利用したのは、飛行機は天候による影響が大きく、欠航や満席になりやすいからだった。ロープウエーに乗って大雪山旭岳に登り、十勝岳も登頂。一日目に北海道の3座を登頂した。

翌2日は、ハードな山の組み合わせになった。朝イチのバスで幌尻岳へ。幌尻岳は距離が長く徒渉も伴うため、明るい時間帯に登りたかった。念のためビバーク装備も持ったが、順調に登頂し、午前中のうちに下山した。

午後はトムラウシ山へ登頂。こちらもロングルートだ。はたして幌尻岳とトムラウシ山を一日で登った人がこれまでいるのだろうか。驚異のスピードである。

「北海道は想定以上にうまくいきました」と藤川も振り返る。

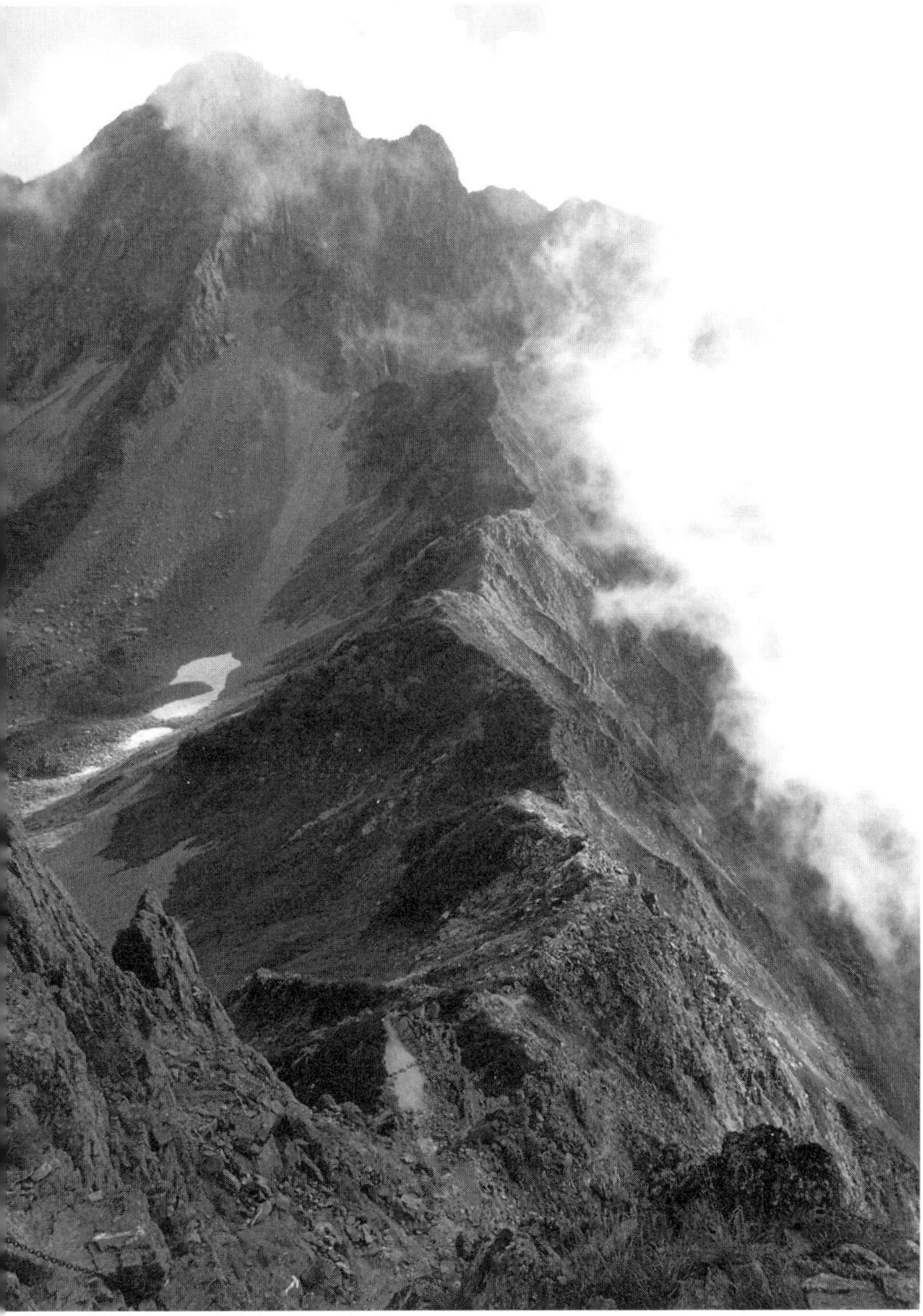

北アルプス・大キレット。45座目の槍ヶ岳から46座目の奥穂高岳へ向かう途中の難所

北海道の百名山9座を登り終えた藤川は、フェリーで本州に渡った。4時間ほどのフェリーの旅では、奮発してベッド付きの個室を取り、北海道での疲れをリセットした。

東北地方の北部は、岩木山、八甲田山、八幡平と、少し楽な山が続いた。天候が崩れ、八甲田山では小雨に濡れた。下山後、有名な酸ヶ湯《すかゆ》温泉に入りたかったが、入浴時間に間に合わなかったのが残念だった。

百名山挑戦中は、タイミングよく温泉や銭湯に立ち寄れるほどの余裕はない。そこで、携帯用のシャワーを用意し、山から下りるたびに、登山口のトイレの裏などで汗を流した。体をきれいにすることで気持ちのリフレッシュにもなった。

はじめての山々

早池峰山、岩手山も、あまり天気には恵まれなかった。雨だと注意力も散漫になりやすく、ケガなどにつながりやすい。藤川は滑りにくいシューズを選び、集中して山を登った。

鳥海山も、小雨に降られながらの登山だった。山頂付近で濃いガスに包まれ、強風も吹き始めた。時刻は夕方で、山頂に着くころには真っ暗になった。

鳥海山の山頂部は、大きな岩が積み重なった広いガレ場だった。藤川は登頂の証にすべての山頂で写真を撮影していたので、ヘッドライトの灯りを頼りに、濃霧のなか山頂を探し回ったが、なかなか見つからない。濡れた体に冷たい風が容赦なく吹き付けてくる。そのうち震えが止まらなくなってきた。山頂のすぐ下には小屋があり、そこへ逃げ込もうかと何度も思ったが、プローブでの雪崩捜索さながら、しらみつぶしに歩き回って、なんとか山頂を見つけることができた。

続く月山でもアクシデントがあった。山頂部分が月山神社の境内になっているため、山頂部に入るには500円の参拝料が必要だったのだが、藤川は一円も持っていなかったのだ。境内の入り口で、おずおずと「お金を忘れたんですが……」と打ち明けると、「下山したら、登山口にある売店で支払ってください」と言ってもらえて無事に山頂へ立つことができた。

ロングコースの飯豊山は、東北北部の山場だ。

藤川が登山ガイドの仕事をしているとき、百名山を目指しているというお客さんに「これまでいちばんキツかった山はどこですか」と聞くと、飯豊山と答える人が多かった。藤川は、ハードな飯豊山は天気のいい日に登りたいと考え、他の山を登りながら天候の回復を待った。

飯豊山というのは山域の名称で、飯豊連峰とも呼ばれ、飯豊本山と、最高地点の大日岳という二つのピークがある。日本百名山の踏破では、主峰である飯豊本山に登頂することが多い。藤川は悩んだが、悪天でない限り、飯豊本山と大日岳、両方のピークを踏むことにした。今後なかなかここの山域には来られないだろうなと思ったからだった。

天気が回復した9月8日、大日杉ルートの登山口を早朝に出発、飯豊本山、大日岳と巡る。下山は15時。往復10時間というロンググルートで東北北部を締めくくった。


その後、11日にかけて、尾瀬の燧ヶ岳と至仏山、筑波山、武尊山など、東北南部と関東北部の山々を順調に登り進めた。そろそろ疲労がたまるころか……と心配していたが、逆に体の調子は上がっていった。体がどんどん山に馴染み、東北地方が終わったあたりで、これまでにないパーフェクトな仕上がりになった。

このエリアで印象深かったのは筑波山だ。筑波山は、藤川にとって興味のある山の一つだった。関東でも他の山から微妙に離れていて、標高もさほど高くないが百名山に入っていることが面白いと思った。

ほかの百名山から離れた場所にあるため、どのタイミングで登るかはちょっと悩むところだったが、尾瀬の後に向かうことにした。筑波山に到着したのは、ちょうどスーパームーンの夜で、ヘッドライトが不要なくらいの月明かりの下、巨石巡りをして雰囲気を楽しんだ。

藤川を支えたドライバーたち

この百名山早巡りで藤川のパートナーとなったサポートドライバーについても触れておこう。7名のドライバーが交代で運転を担当し、藤川を支えた。

一番手は、北海道を担当してくれた竹内豊氏。その次は「スーさん」こと鈴木央司氏。東北在住のガイドで、東北地方から関東北部の長い期間を担当してもらった。

関東・中部・関西エリアの担当は、「マチャくん」こと佐藤正昭氏、「ニキさん」こと二木港雪氏、「マモさん」こと高橋守氏。3名とも信州を拠点とする登山・スキーのプロガイドで、藤川の古くからの仲間だ。アルプスでは大キレットなど難所の通過もあるため、万一の場合、現場が危険な場所でも駆けつけてもらえる人に頼んだのである。

関東・中部の終盤から西日本にかけてのドライバーは、竹内俊彰氏だ。竹内氏は、藤川がニセコで働いていたころの仲間で、藤川に山のことをいろいろと教えてくれた先輩でもあった。ニセコ勤務の後、竹内氏は関東へ移るが、藤川が本州に行くと自宅に泊めてくれるなど、なにかと世話を焼いてくれる優しい先輩である。

最後の九州を担当したのは、同じくニセコ時代の知り合いである種子田守氏。九州で会社員

「日本百名山早巡り」サポートドライバー

SUPPORTERS

1ST 竹内豊さん
9/1〜9/4

2ND 鈴木央司さん
9/4〜9/11

3RD 佐藤正昭さん
9/11〜9/18

4TH 二木港雪さん
9/18〜9/24

5TH 高橋守さん
9/24〜9/28

6TH 竹内俊彰さん
9/28〜10/2

7TH 種子田守さん
10/2〜10/3

※伊藤義憲さん
全期間の予備ドライバーとして待機

をしていたが、休暇を取得して協力してくれた。

藤川の日本百名山早巡りは、サポートドライバーなくしては成り立たなかった。彼らは運転を代行してくれただけでなく、登山口までのアクセスや、登山道の状況などに詳しく、藤川にさまざまな助言をくれた。そういった意味でもサポーターの存在は非常に心強かった。

昼夜を問わず、猛烈な勢いで登り進める藤川のサポートは重労働である。藤川の下山後はすぐに運転を始め、次の山へと向かわなくてはならない。次第に絶好調になっていく藤川とは反対に、ドライバーは日に日に消耗していった。

なかでも、9月4日から11日の8日間、全日程の四分の一を担当したスーさんは過酷だった。藤川が車中泊するときには、車外にテントを張って寝てくれるなど、細やかな気遣いをもってサポートしてくれていたが、連日の長距離運転や睡眠不足によって疲労は確実にたまり、尾瀬ではちょっとした事件が起きた。

燧ヶ岳、至仏山を登り終えて、鳩待峠《はとまち》に下山した藤川。しかし待てども待てども車が来ない。実は、藤川の登山中にスーさんが給油に行ったものの、ディーゼル車にガソリンを入れてしまい、いったんすべての油を抜いて、入れ直していたのだ。スーさんの集中力も、もはや限界に達していたのかもしれない。この一件の後、スーさんは栄養ドリンク剤を飲みまくって運転していたという。

富士山、そして試練の南アルプス

日本最高峰・富士山の開山期間は短い。富士山をこのタイミングにもってきたのは、標高が高く、本格的な降雪が訪れる前に登りたかったのと、日本アルプス縦走に備えた高所順応のためだった。

9月11日、藤川は吉田口の五合目で前泊し、体を高所に慣らして12日の早朝にスタートした。富士山には春スキーで4、5回訪れたことがあったが、無雪期の登山は初めてだった。前夜は睡眠もしっかり取れて、体調はすこぶるよかった。最初はペースを抑えて登り始めたが、次第に通常のペースに戻していった。八合目あたりで雲海から太陽が昇ってきた。山では何度も日の出を見てきたが、富士山のそれはひときわ神々しく感じた。

山頂は地面がうっすらと白くなっていた。今シーズン初の雪との対面に、少し気持ちが盛り上がる。剣ヶ峰で紺碧の青空と一面の雲海を楽しんだ後、ぐるりとお鉢を一周した。みごとな影富士も印象的で、日本一の山はスケールも他の山とは違っていた。

富士山から下山した藤川は、いよいよアルプスへ向かった。

上／24座目・会津駒ヶ岳。快晴無風、爽やかな高層湿原を気持ちよく走る
下／33座目・富士山。前夜に降った新雪がうっすらと。スキーヤーの血が騒ぐ

まずは南アルプス南部。初日は塩見小屋で泊まり、翌日は光岳まで一気に縦走する計画だ。

入山前、塩見小屋へ宿泊予約の電話を入れると、管理人に「小屋の到着時間を厳守しないと、夕食は提供できない」と言われた（※現在は管理人が変わり、小屋のルールやシステムも変わっているようである）。時計を見るとギリギリである。慌てて荷をまとめ、これまでで最速のペースで小屋へと駆け上がり、なんとか指定の時間前に到着できた。

翌未明2時20分、2ℓのソフトボトルに水をたっぷり入れ、小屋を出発した。普段の山行では、走りながら水分補給がしやすいハイドレーションを使うことが多いが、ハイドレーションは飲んだ量や残量が分かりづらい。

35座目・悪沢岳。ハードな南アルプス縦走中、美しい森に癒される

そのため、今回の縦走では大きいソフトボトルに入れた水を、小さなウォーターボトルに移し替えながら飲むことにした。

藤川にとって夏の南アルプスは初めてだった。同じアルプスでも、北アルプスとは大きく違う山容や景色に、藤川は新鮮な驚きを覚えた。岩稜帯が多い北アルプスに対し、南アルプスは緑豊かで、水場も豊富だ。南アルプスには生命力を感じさせる美しさがあった。

また、山体の大きさにも藤川は感嘆した。

「南アルプスは、とにかくデカかった。アップダウンなども含めて、山のスケールが大きい。深田久弥が百名山に入れた理由が分かりました」

南アルプスの縦走では、一つの山を越えるたびに沢まで下りなくてはならないことが多い。一つの山のサイズが大きいため、アップダウンの標高差も大きい。一度標高を上げれば天空の稜線歩きが楽しめる北アルプスの縦走に比べると、まるで修行である。

塩見岳から、悪沢岳、赤石岳を経て、聖岳の山頂に到着したころには、さすがに疲労がたまってきた。日没が迫っていたが、ヘッドライトを灯して光岳へ向かった。

陽が沈むと、急激に眠気が襲ってきた。藤川は、あまりの眠気に少し仮眠を取ろうと考えた。バックパックに手を入れてツェルトを探したが、そこで痛恨のミスに気付いた。昨日、出発前に慌ててパッキングをした際、ツェルトだと思って入れたものはザックカバーだったのだ。仕方なくレスキューシートにくるまり、脚をザックカバーにつっこんで1時間ほど睡眠を取った。

光岳の山頂には午前1時25分に着いた。かなり疲れていたが、無心で歩を進める。ところが、この後には易老渡《いろうど》への標高差約1500mの下りが待ち構えていた。下っても下っても登山口に着かない。睡魔と闘い、5分ほどの仮眠を何度か挟みながら下山した。

疲労困憊で易老渡に到着したが、迎えの車はいなかった。登山口には「車両通行止め」という看板が立てられていた。林道が7㎞ほど通行止めとなっていたのだった。疲れ果てていた藤川は走る気力も失せて、トボトボと林道を歩いていった。

この南アルプスの縦走で藤川が踏破した距離は、1日目は約15㎞、2日目は約70㎞、合計で約85㎞だった。

北アルプス縦走

南アルプスを終えた藤川は、疲労回復を兼ねて、翌日はコースタイムの短い乗鞍岳へ向かった。山頂の標高は3000m以上あるのに、まるで観光地のような山だった。バスで山頂近くまで行けて、ハイキング装備のような人も大勢いる。百名山にもこんな山があるのだなあと、藤川はまた一つ発見をした気分だった。

52座目の鹿島槍ヶ岳。降雪後の八峰キレットを通過する

9月15日、3連休最終日に、藤川は北アルプスの縦走に入った。北アルプスはすでに秋の空。10月になればいつ雪が降ってもおかしくない。藤川は、本当は南アルプスをすべてつなげて縦走し、そのスケール感を味わいたかったのだか、なるべく早く3000m峰を終わらせたほうがよいと考え、北アルプスを回ることにしたのだ。

できるだけ小屋泊にするつもりだったが、行動時間が読めなかったためテントも持った。折立《おりたて》から入山し、薬師岳、黒部五郎岳、鷲羽岳、水晶岳に登頂。笠ヶ岳では下山するかどうか一瞬、迷ったが、調子がよかったので一気に槍ヶ岳と穂高岳にも行くことを決めた。その日は三俣《みつまた》山荘へ宿泊した。

憧れの剱岳を目の前にして笑顔がこぼれる

「素晴らしい山小屋でした。小屋の食事がおいしくて、たしか鹿肉のシチューとご飯がおかわり自由だったんです。超ラッキー。2回くらいおかわりしました」

大食漢の藤川にとって、おいしい食事がおかわり自由というのは歓喜に等しかっただろう。

笠ヶ岳からは難路が続く。西鎌尾根を通って槍ヶ岳へ。さらに大キレットを通過して奥穂高岳へ登頂。新穂高温泉に下山した。大キレットは平日の午後に通過したため渋滞もなく、素早く通過できた。

9月17日は焼岳、常念岳、美ヶ原に登頂した。翌18日は白馬岳へ。猿倉《さるくら》から大雪渓を通り、たどり着いた山頂は氷点下の寒さで、植物も山頂標識もすべて凍り付いていた。ここから鹿島槍ヶ岳への縦走を考えていた藤川だが、この状況ではダメだと思い、いったん下山した。防寒着や保温ボトルを用意し、五竜岳へ向かう。スキー場からゴンドラとリフトを乗り継いで山頂へ。八峰《はちみね》キレットへ足を踏み入れると、岩は雪のために滑りやすく、さすがの藤川も緊張した。慎重にゆっくりと登り、鹿島槍ヶ岳、爺ヶ岳を通って扇沢《おうぎさわ》へ下山した。

「ここは百名山のなかでも、核心部となるような厳しさでした。でも、それだけに充実感も感じられた。集中して山を登ることで、許容できる範囲の危険やリスクを見極めながら難所を乗り越えていくほうが好きなんです。多少、天気などのコンディションが悪い山のほうが記憶にも残ります。もちろん死なない程度にですが、そういうのも登山の喜びだと思うんです」

19日は劒岳。藤川は、この有名な「岩と雪の殿堂」に登ったことがなかった。劒岳を舞台にした小説『劒岳 点の記』などは読んだことがあり、いつか登ってみたいと思っていただけに、楽しみにしていた山の一つだった。室堂から向かうのが最短のルートだが、憧れの劒岳を下から登りたかったのと、早朝でアルペンルートの運行時刻と行動が合わなかったこともあって、馬場島から早月尾根を登った。山頂は快晴無風で素晴らしい眺望だった。カニのタテバイ、ヨコバイを通過して劒沢へ下山。立山に向かい、大汝山《おおなんじ》と雄山《おやま》に登頂した。雄山の頂上に鎮座する雄山神社で祈祷を申し込むと、お神酒を渡された。実は藤川は、この百名山早巡りを開始してから禁酒を続けていたのだが、ここではぐっと杯を傾けて、今後の登山の安全を祈願した。

南アルプス北部縦走

9月20日、バスで北沢峠へ向かった。南アルプス北部の山々を縦走するためだった。このころには、藤川の体は完全に出来上がっていた。劒・立山を縦走して下山した日の夜には、雨飾山にも登ったが、疲労もさほど感じられず、体の回復が早まっている気がした。

難所がある北アルプスの山々と3000m峰はすべて登頂していたが、まだ南や中央アルプスが残っていた。「もたもたしていたら雪が降る。標高2000m以上の山が終わるまではペースを落とさずいこう」と、藤川は気を引き締めた。

秋の連休最終日で、北沢峠は登山者が多く、にぎわっていた。

仙丈ヶ岳から間ノ岳、北岳と巡って広河原《ひろがわら》に下山。このまま鳳凰山へ進む選択肢もあったが、下山が夜になり、タイミング的にバスがなくなってしまう。この日は広河原山荘に宿泊し、体を休めることにした。

広河原山荘は夕食も品数が多く、おいしかった。夕食にはワインが1杯付いていた。雄山でのお神酒に続くアルコールだが、1杯くらいなら支障はないだろうと、飲み干した。

困ったのは次の瞬間だった。

「あら、あなた飲めるのね。私、アルコールだめなのよ。私のも飲んでちょうだい」

そう言って、隣の中年の女性がワインを藤川にぐいっと差し出したのだ。えっ、と女性を見た瞬間、これは断れない雰囲気だと悟った。仕方なくワインを手元に引き寄せた。

「あ、私もなのよ」「私のもお願いします」

次々にワインが藤川の前に集まってくる。結局、3～4杯ワインを飲んでしまい、フラフラになりながら部屋へ戻った。

次の日、若干、二日酔いぎみの藤川が向かったのは鳳凰山だった。一般に「鳳凰三山」とも呼ばれる、地蔵岳・観音岳・薬師岳の三つのピークのことだ。鳳凰山は、3座とも雰囲気が違い、特に地蔵岳のオベリスクは独特の景観だった。広河原へと下山し、そのまま甲斐駒ヶ岳へ。週末のうえ秋晴れの登山日和とあって、登山者で混雑していたが、山頂からは藤川が歩いてきた南アルプスの峰々が一望でき感慨深かった。

低気圧や台風の接近

甲斐駒ヶ岳から下りたその日に霧ヶ峰、蓼科山に登り、翌日は瑞牆山、金峰山、甲武信ヶ岳、八ヶ岳（赤岳）の4座に登頂した。

「次は白山方面にしたら?」とドライバーの二木さんが提案したが、藤川は一日も早く標高の高い山を終わらせたかった。話し合いの結果、中央アルプスと御嶽山に登ることになった。

中央アルプスの空木岳から木曽駒ヶ岳へ縦走。続いて御嶽山に登頂した。3000m峰と、日本アルプスの山をすべて登り終え、「だいぶ山場は越えたな」と、藤川は少しホッとした。

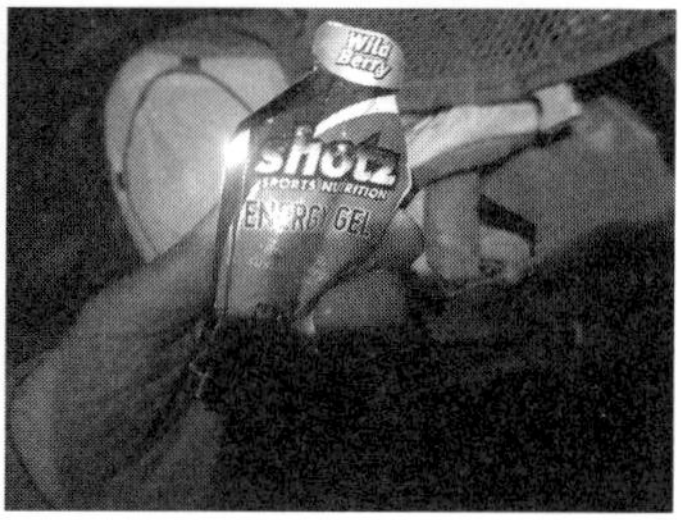

上／87座目・丹沢山。山頂で富士山の横に沈む夕陽を眺める　右上／94座目・石鎚山。四国うどん巡りは台風接近で断念、コンビニのカレーうどんで雰囲気を味わう　右下／藤川のスピード登山に欠かせないスポーツジェル　左下／59座目・鳳凰山。鳳凰三山の一つ、地蔵岳は岩峰のオベリスクが印象的

9月24日には、火打山・妙高山を縦走。ロングコースの高妻山も同日に登頂した。ここまで順調そのもので百名山を登り進めてきた藤川だったが、このころから雲行きが怪しくなってくる。日本列島の南海上から、台風16号が北上してきたのだ。台風は温帯低気圧に変わった後も、北上を続けている。低気圧の進路はなかなか定まらず、藤川は難しい判断を迫られていた。

「低気圧の影響を完全に避けるのはもう無理だろうなと思いました。でも、残りはほぼ西日本の山でしたから、残りの山をうまく組んで、直撃を避けるという方向に考えを切り替えました」

25日、低気圧は前線を伴って本州を通過し、全国に大雨をもたらした。この日の未明には、地下鉄の名古屋駅が冠水したほどの雨だった。

藤川は福井県の荒島岳を登っていた。登山道は樹林帯に囲まれていたため、強風や激しい雨は避けることができたが、登山道には川のように水が流れていた。

その後は伊吹山、白山、越後駒ヶ岳と登り進め、大雨は避けられたものの、濃いガスに覆われて眺望のない山登りが続いた。

御嶽噴火

越後の山に入ると、天気が回復した。平ヶ岳、巻機山の山頂部は、色づいた草紅葉と池塘の景観が見事で、別天地のようだった。27日に登った谷川岳は、週末だったこともあり、多くの登山者で大混雑し、藤川も行列に埋もれた。百名山のなかで唯一、ゆっくり登った山となった。

この日、歴史的な出来事が起きた。4日前に登頂したばかりの御嶽山が大噴火したのだ。

「事前に噴火の可能性がある山はリストアップして、最新の情報もチェックしていましたが、まさか本当に噴火するとは思いませんでした……。携帯電話のショートメッセージに『御嶽山が大変なことになっているけど、大丈夫？』と知り合いからメッセージが入ったのですが、噴火とは思わず、知ったのはその日の夜、四阿山から下山した後でした」

図らずも、翌日は浅間山、草津白根山と、活火山が2座続いた。火山活動のために山頂付近が規制されている場合には、登れる範囲で標高の最も高い地点を踏んで登頂とみなすことが多い。浅間山は前掛山まで、草津白根山は探勝歩道の最高点まで登った。

「火山対策と言っても、装備もヘルメットくらいしかありませんから……。気象庁のホームページで火山情報を確認してから登りましたが、やはり少し緊張しました」

28日から29日深夜にかけて、両神山、雲取山、大菩薩嶺、丹沢山、天城山に登頂。藤川は関東の山にはほとんど登ったことがなく、特に奥多摩や丹沢の山は新鮮に感じた。

「登山道が整備されていて登りやすいし、植林の杉林もスッキリしていて、気持ちがよかった。丹沢と言ったらヒルのイメージしかなかったので、暑くて面白くない山なのかなぁと思っていたんです（笑）」

ラストスパート

ついに西日本に入った。百名山も終盤である。

西日本は百名山の数が少ないため、登る時間よりも車での移動時間が長くなった。

「サポートドライバーと二人で旅をしている感じが強くなってきて楽しかったです。西日本はほとんど行ったことがなかったので、あわよくば観光もしたいと思っていました。結局、台風が接近して、それどころじゃなくなってしまいましたが……」

藤川が西日本の山に入ったころ、日本には大型の台風18号が近づいてきていた。巻き込まれれば足止めを食らう可能性が高い。九州や屋久島に渡る前にフェリーが止まったら何日もロスする恐れがあった。藤川は、30日に恵那山、大台ヶ原山、大峰山、10月1日に大山、剣山、石鎚山と、猛烈な勢いで登り進めた。観光をする余裕はまったくなく、楽しみにしていた四国のうどん巡りもあきらめ、コンビニのご当地うどんで気持ちを紛らわせた。

石鎚山も、明るい時間に登って山頂の岩峰を見たかったが、台風に追い立てられるように夜のうちに登り、翌朝は朝一番のフェリーで九州へ渡った。

幸い、まだ台風の影響は弱かったため、ここから怒涛のラストスパートをかけた。10月2日に、九重山、阿蘇山、祖母山、霧島山と4座に登頂。翌3日の早朝に開聞岳へ登り、フェリーで屋久島へ渡った。

100座目の宮之浦岳は、淀川登山口から入山した。熱帯性の植物が生い茂り、霧が立ち込めた深い森は、北海道に住む藤川の目には幻想的に映った。

16時31分、藤川は宮之浦岳の山頂に立った。山頂に立った瞬間、不思議なことが起きた。魔法のように霧が晴れて、みるみるうちに青空が広がったのだ。それはまるで、百名山を達成した自分を祝うかのような明るい景色だった。

藤川は、山頂で一人、感慨をかみ締めた。ここでのんびり寝ていきたいと思うくらい、穏やかな天気だった。藤川はしばし夕日を眺めて下山した。

藤川は翌日のフェリーを予約していたが、翌日には台風がかなり接近することが予想されたため、下山してすぐにフェリー乗り場へ向かった。その日のフェリーは車両枠が満席だったが、

上／85座目・雲取山。杉林は、北海道出身の藤川にとって珍しい光景
下／100座目の宮之浦岳。山頂に着くと霧が晴れ、見事な雲海と青空が広がった

運よく直前にキャンセルが出たことで、無事にこの日の便で九州本土に帰れることになった。翌日、フェリーは欠航となった。

日本百名山を登り終えて

33日間で日本百名山を踏破した藤川は、48日間というそれまでの最速記録を大幅に更新した。藤川は、最速記録を打ち立てることができた理由を以下のように語る。

「途中で大きなトラブルがなく、計画が破綻せずに進められたことが成功の要因だったと思います。特に天候に恵まれて停滞が一日もなかったこと、事故に遭わなかったことが大きかった。ケガや事故を避けるために、一座一座、集中して登っていました。また、トラブルに遭遇しそうだと感じた場合は、その手前で避けたり、方向転換したりしていました」

日本百名山早巡りの挑戦を振り返り、藤川は「連続登頂によって〝日本百名山〟という一つの大きな山に登ったという感覚があります」と語る。

果たして「日本百名山」という山は、どのような山だったのだろうか。連続登頂という稀有な挑戦ができる人は、後にも先にも多くはないだろう。藤川の言葉に込められた心境を推し量ることは、常人にはなかなか難しい。

それでも、それが例えようもなく素晴らしいものであることだけは、想像を膨らませて理解することができる。それゆえ、連続登頂は無理だとしても、多くの登山者が日本百名山に憧れ、踏破を目指すのだろう。


また、藤川は言う。

「運転をサポートしてくれた人たちと一緒に、日本全国を旅できたことは、何より素晴らしい思い出です。まさに日本百名山早巡りを達成するための〝チーム〟だったと思います。サポートの方たちの間でノウハウの伝達や情報交換が行なわれ、僕を支えるための連帯が生まれていました。本当にありがたかったし、チームの強い絆を感じながら百名山を巡れたことが、僕は何よりも嬉しかったです。本当に、今まで経験したどんな海外遠征よりも楽しかったです」

藤川の挑戦は単独のように見えながらも、実際にはサポートしてくれた多くの人たちがいて、決して孤独なものではなかった。それが、この挑戦をよりいっそう豊かなものにしてくれたのだった。

CHAPTER

第4章

4

終わりなき挑戦

BEYOND THE TOP

北海道での取材

2022年3月下旬、私は藤川に会うために北海道・札幌へ赴いた。これまでも何度かにわたり話を聞いてきたが、新型コロナ感染拡大の影響で直接会うことはできず、すべてオンライン取材であった。この春、ようやく状況が落ち着いてきたこともあり、札幌に会いに行くことにしたのだった。

早朝、宿泊したホテルの前で待っていた私の前に、一台のハイエースが停車した。

「時差ボケがなかなか治らなくて……」

車から降りてきた藤川は、疲れた顔で、眠そうな目をこすっている。それもそのはず、ヨーロッパで世界選手権とワールドカップ、その後にピエラ・メンタを闘い、数日前に日本に帰国したばかりなのだ。遠征直後なら予定を入れることはないということで、本来なら山スキーのハイシーズンであるこの時期に、取材を受けてもらえたのだった。

「今回の遠征では時差ボケがひどくて。年々、治りづらくなっているから、歳のせいなのかな……」

藤川はそう言いながら運転席へ乗り込み、ハンドルを握った。

今回、藤川への取材には3日間を割いてもらった。初日は「天気がよいから、日高《ひだか》方面の山を下見に行きたい」という藤川に付き合い、車のなかで話を聞くことになった。

北海道は広い。札幌から日高山脈までは片道4時間ほどかかる。往復8時間の道のりをドライブしながら、たっぷりと話を聞いた。車窓から山が見えると、藤川はその山の話をしてくれた。途中、雪が解けかけたローカルゲレンデで、昼食を兼ねて1時間ほど一緒に滑った。

2日目は、藤川のガイドで日高山脈の野塚《のづか》岳へスキーツアーに連れて行ってもらうことにした。私の他に、もうひとり常連だという男性客が一緒だった。

登山口はすっかり春の雰囲気で、ところどころ雪が解けて黒々とした土が見えている。スキーにシールを着け、雪のある沢を登っていくと、次第に急斜面になってきた。標高が上がり、雪が締まってエッジが噛みにくくなってくる。私が急斜面でのキックターンにもたついていると、藤川から「ゆっくり焦らず、確実に足を置いて」と助言がくる。「最近、山に登ってる？もっと山に入らないとダメですよ」という指摘に図星を指され、ドキリとした。

藤川のガイドは、ある意味スパルタである。客に厳しいことを言わないガイドもいるが、藤川は躊躇せずに言うべきことを言う。それをキツイと感じる客もいるかもしれない。しかし、ガイドと客は、相性の世界。そのようなガイディングだからこそ、ファンになる客もいる。

私が藤川に信頼を置くのは、藤川が自分の判断について理由をきちんと説明するからだ。そこには藤川独自の理論や意図が反映されている。私を含め藤川を慕うお客さんは、藤川がもつ山の哲学に触れることが何よりも楽しみなのだ。

3時間ほどで稜線に出た。稜線を15分ほど歩いて山頂へ。天気は快晴。日高の山々が一望できた。

「いつか日高の山をスピードツーリングのスタイルで縦走したいんです」

藤川は、重なり合う山並みへと目を向けた。日高山脈縦走のスピードツーリングには、過去にも何度か挑戦したことがあるが、ことごとく敗退に終わったという。

「日高はスキー向きの山じゃないんです。常識的にはスキーを持たないほうがラクで安全だし、スキー縦走は無理だとはっきり言う人も多いです。でも、無理だと言う人は、技術がないからなんじゃないか、と思うこともあって。ひょっとしたら自分のスキー技術でなら行けるんじゃないか、なんて思っちゃうんですよね」

実力を磨き、自分を高めることで、より困難な場所に挑戦する。藤川のスキーアルピニズムが顔を出した瞬間だった。

ガイドの仕事とアスリート活動

藤川は、登山ガイドでありながら、ホームページなどでお客さんを公募していない。藤川が山をガイドするのは、知り合いや常連客からの紹介によって縁がつながった人のみだ。

一般的に、登山ガイドはサービス業、つまり客商売である。ただし、そのサービス内容に、客の命を預かることが含まれている点では少し特殊だろう。藤川は、ガイディングについての考えを次のように話す。

「お客さんに下手に出るあまり、実力がない人に『ここには行けません』と言えなかったり、悪天でもツアーを実施したりするガイドは、けっこう多い。僕はそういうスタイルをよいとは思わない。だから、殿様商売って思われるかもしれないけど、僕はお客さんを選んでいます。条件をお互い理解し合い、納得できる人でなければならないと思う。ガイディングは実力がいちばん低い人に山のレベルを合わせるし、天気が悪かったらバッサリ中止にする。でも、それで文句を言う人は僕のお客さんにはいません」

藤川にとって、そもそもガイドの仕事は、生活やアスリート活動のための収入源の一つでしかない。あくまでアスリート活動をメインにしたいと考えているので、トレーニングの都合によって、一度入ったガイドの仕事をキャンセルすることさえあるという。そんな調子なので、お客さんからの依頼がないときや、自分の都合が合わないときは、長期間ガイドの仕事が入らないこともある。

しかし藤川も、夏場のツアー会社のガイディングは定期的に行なっている。

「いわゆる百名山登山などのガイドですね。個人ガイドと違い、下請けのガイドなので、僕もこれだけは仕事と割り切って、徹底的に自分を押し殺してやっています」

そこまでして受ける理由を尋ねると、藤川は「これは僕の社会勉強」と答えた。

「今の登山者の動向を把握しておかないと、自分の方向性も考えられないし、決められないですから。こういうのを知っておくことって大切だと思うんです」

藤川が登山ガイドの資格を取得したのは、スキーバム生活をやめて、日本に腰を落ち着けた2008年ごろだったという。冬季の職場も、スキーパトロールをしていたニセコから、さっぽろばんけいスキー場へ移り、スキースクールでインストラクターをすることになった。この仕事はアスリート活動を支える手段の一つとして現在も続けているが、ここ数年はシフトに入ることも少ないという。

「1カ月以上前にシフト希望を提出するんですが、最近は白紙で出すこともあります（笑）。天気や雪の状態で山に行くかどうかを決めるから、事前にシフトが決められると困る。急に欠員が出たときに、予定が空いていたら助っ人で入るというくらいがちょうどいいんです」

あくまでアスリートとして生きて、それ以外の活動は最小限に抑えたいという藤川。だが、果たしてそれで生計は成り立っているのだろうか。藤川は独身ではなく、妻と一人娘がいる。藤川に収入について尋ねてみた。

「収入のメインは、ロストアローとの契約ですね」

ロストアローは、登山・クライミング・バックカントリースキーなどの用具を扱う輸入代理店である。藤川はロストアローと契約を結んでいて、毎月、一定の収入があり、これがベースとなっているという。

「高額ではないですけど、それでも確実にもらえるお金があるおかげで、自分の信念を貫くというか、信念を曲げすぎないで生きることができています。僕が、かなりやりたいことをさせてもらえているのは、ロストアローのおかげです」

とは言え、アスリートと定収入の契約を結ぶような会社は、かなり希少だ。冒険的な登山を支援することに対し、非常に積極的な社風をもつロストアローならではだろう。

日々のトレーニング

藤川の日常は、一にも二にもトレーニングが優先である。取材日を決めるのも、週間天気予報が出てからで、雨天になりそうな日が取材日に決まるという感じであった。

藤川は、スピードツーリングの最適期である春、特に4月に体のコンディションがピークになるように調整している。

藤川の一年は、だいたい次のような感じである。

北海道の山は、5月いっぱい、場所によっては6月前半くらいまで雪がある。藤川は、残雪が消えるまでは、個人山行やガイドツアーで山スキーを楽しむ。

雪が消えると休養期間だ。1カ月ほどはハードな活動を控えて冬の疲れを取りながら、同時に夏山ガイドの体力づくりを始める。北海道の夏山ガイドは、行程が長くて、テント泊が多いため、荷物が重くなることが多い。「軽く、速く」ではなく、「重く、ゆっくり」という登山のための体をつくっていく。7月から8月前半が夏山ガイドのピークとなり、個人ガイドのほか、ツアー会社の下請けの仕事もこなす。

その後は、アスリート活動に戻るための準備期間に入る。秋にかけて、トレイルランニングのスタイルで山を登り、再び「軽く、速く」という体に戻していく。北海道ではトレイルランニングのレースの多くが夏に開催されるので、あまりレースに参加することはないが、近場の山や大雪山系などに出かけてトレーニングを積む。

「ここで体ができれば、スムーズにスキーシーズンにつなげることができる。できれば雪が降り始めるまでに、いちど体を仕上げたいんですが、実際はなかなかできないですね」と藤川は話す。

12月、北海道の山に降雪が訪れると、いよいよスキーシーズンだが、ここでいったんトレーニングが途切れる。それは北海道のパウダーシーズンは、山スキーガイドとしてのいちばんの稼ぎ時でもあるからだ。

パウダースノーを目的に北海道へと訪れる外国人を対象としたツアーガイドは、よい収入になる。藤川もここは仕事期間と割り切って、1月から2月頭にかけては集中的にバックカントリーガイドを請け負う。

2月頃にはSKIMOのワールドカップや世界選手権が開催される。昔はここに照準を合わせていたので、パウダーシーズンの仕事はできなかったというが、今は4月のスピードツーリングに照準を合わせているので、パウダーシーズンでトレーニングが途切れても、なんとか調子を取り戻せるという。
パウダーシーズンが終わると、スピードツーリングに向けた最終調整、つまり仕上げの期間だ。夏から初冬にかけてのトレーニングがうまくいっていると、この仕上げがスムーズにいくという。体が整ったら、コンディションを保ちつつ、天気と雪のタイミングが合うのを待つ。

トレーニング内容は、その年に目標とすることによって決める。例えば、ＳＫＩＭＯの世界三大レースと、日本オートルートのワンデイ縦走では、動き続ける時間や速さが異なる。そのため、それぞれを想定した内容でトレーニングメニューを組んでいく。
「技術的な登り方の練習のほか、ペースを変えての体力トレーニングをします。『今日はこの登り方でこれくらいのタイムを目指そう』などとメニューを設定しています。長時間・長距離のトレーニングとひと口に言っても、タイムを徐々に速くしたり、前半を飛ばして後半を落としたりします。同じ山を登るのでも、登り方はいろいろ設定できます」

アスリートに付きものなのがケガや故障だが、藤川は、これまで選手生命に関わるような大きなケガをしたことがない。それは、スキー場のパトロールとして仕事をしてきた経験に基づいているという。

「パトロールをやっていた間に、ケガ人をすごく多く見てきました。だからケガだけは嫌だなっていう気持ちが強いんですよね」

ケガや遭難の現場を経験し、その悲惨さを身に染みて感じてきた藤川は、ケガを防ぐために、自分の実力を超えるようなことは本能的に避けるようになった。その一線を超えそうになったときには、一歩立ち止まって考えるというのが無意識でクセになっているという。他人の何倍も滑っているのに、大きなケガや事故に遭わなかったのは、その感覚があったことが大きいだろう。

もう一つ、藤川が避けてきたのが「体を痛めるような滑り方」である。基礎スキーの世界では、推奨される滑り方が変わることもある。その変化は、必ずしも理論に基づいた技術の進化ばかりでなく、流行や目新しさを追った結果のこともあるという。しかし、もしそれが体に負担がかかる滑りや、運動生理学に反した動きだったら、体は故障する可能性がある。藤川は、自分が納得できない滑り方は絶対にやらないようにしてきた。

ただ藤川にも、長年の登山やアスリート生活の積み重ねにより生じた故障はあった。10年ほど前に発症した変形性頸椎症である。首に激痛が走り、MRIを撮ったところ、頸椎のなかの骨が変形し、それがトゲのように出っ張って神経に触れていた。

「はっきりした原因は分からないけど、心当たりはあります。夏山ガイドで、体に合わない大型ザックを背負っていた時期があったんです。発症以来、激痛が続いて、寝返りもうてませんでした。冬は麻酔を注射しながら滑っていましたよ。その年のＳＫＩＭＯの日本選手権はつらかったですね。なんとか勝ちましたけど」

今は激しい痛みは治まっているが、後遺症で手の痺れはずっと取れないという。

家族との時間

北海道取材の3日目、私は藤川家のファミリースキーに同行させてもらうこととなった。

この年に小学生になったという藤川の娘さんは、活発でユーモアのある明るい女の子だ。私が車に乗り込むと、最初は少し恥ずかしそうにしていたが、すぐに打ち解けて、にぎやかにおしゃべりを始めた。藤川とのお出かけは久しぶりとのことで、運転をする藤川の隣に座ってご機嫌な様子である。お絵描きが得意だそうで、車中でも「ねえ、なに描いてほしい？」と周りにリクエストを求めながら、スケッチブックにさまざまな絵を紡ぎ出していった。

春のニセコは、外国人やスキー客もほとんどおらず、貸切りに近い状態だった。

「あそこまで競走しよう！」

「次は『だるまさんがころんだ』やろうよ！」

さすが藤川の娘とあってスキーが上手だ。次々に遊びを提案しては、ゲレンデを所狭しと滑って移動する。藤川が勤める、さっぽろばんけいスキー場に通い、スキーを習っているそうだ。藤川は、細板革靴のテレマークというういで立ちで、娘との勝負に挑んでいた。手加減をしているのだろうが、余裕で打ち負かして楽しそうである。

私のような客は珍しいのか、娘さんは私とも一緒にリフトに乗ってくれた。

「スキーは好き？」と私が尋ねると、

「好き！　でもね、まだ上手に滑れないの」と元気のいい返事が返ってきた。

「お父さんは教えてくれないの？」

「たまに一緒に滑るけど、いつもはいない。でも、お仕事だから仕方ないね」

「お父さん、もっと一緒にいてほしい？」

「そりゃあ、いてほしいよ」

藤川は慕われているようである。

一方で、それを見守る藤川の奥様。もとは東京の出版社に勤めていて、編集や企画の仕事をしていたという。出版社を退職後、フリーランスとして働き、山スキーの取材をしていたときに藤川と知り合ったそうだ。

POC

藤川が結婚したのは２０１４年の秋、日本百名山早巡りを終えた直後だった。

当時、私は百名山早巡りを記事にしようと藤川を追っていた。屋久島の宮之浦岳から下山した藤川から、百名山を登り終えたという報告を電話でもらった私は、この後の予定を尋ねた。藤川は次のように答えた。

「本当は観光でもしたいのですが、台風が近づいているので、すぐにフェリーで帰ります。あんまりゆっくりしていると結婚式の予定に間に合わなくなるので……」

あまりにサラッとした言い方に、私は「ご友人の結婚式にでも出席するのかな？」と思った。なので、その後すぐに藤川から結婚報告のハガキが届いたときには、開いた口が塞がらなかった。まさか自分の結婚式だったとは。もし、百名山の予定が長引いたらどうするつもりだったのだろうか。

藤川が挑戦的な登山をしていることについて、妻としてはどういう気持ちでいるのだろう。気になっていたことを尋ねてみると、奥様はこう答えた。

「ナイフリッジのような写真を見せてもらい、こんな場所に行っているのかと驚くことはあります。でも、山の危険回避については本人がよく把握しているし、無理はしないと思うので、そこは信じています。なによりも、本人が楽しんでやっていることですから。ガイドの仕事ではお客さんのペースに合わせていますが、スピードツーリングでは本人のペース、他の人がついていけないような速さでぐんぐん進めるので、きっと楽しくて仕方ないんだろうなと思います」

食生活

藤川が大食漢であることは先に触れたとおりだ。若いころほどではないようだが、今回の取材でも、運転席の傍らにパンやおにぎりを用意し、話の合間に食べていたので、今も食欲は人並み以上に旺盛なようである。

アスリートというと、食事管理がシビアなイメージがあるが、藤川の場合はかなり自由度をもたせているようである。登山、しかもスピードツーリングのような超長距離、超長時間のハードワークになると、消費カロリーも半端ではない。栄養バランスも大切だが、まずはその運動に見合う充分なカロリー摂取が必要になる。

「基本的には、お酒も甘いものも大好きですね」と語る藤川。若いころは、酒を際限なく飲み、食事は手っ取り早くお腹を満たすために炭水化物ばかりだったという。

特に運動量が多く、食べる量も増えた20代半ば、レトルトカレーばかりを食べていたことがあった。朝は卵と納豆がけごはん、昼と夜はカレーで中辛と大辛を織り交ぜる、といった生活だった。それも、お金がないので１００円ショップで買ったレトルトカレーだった。

１カ月以上、レトルトカレーを食べ続けたある日、突然、異変が現われた。言い表せないような体の不調に見舞われた藤川は、すぐに病院へ行った。

診断は栄養失調だった。そのとき藤川を診たのが、ものすごく怖い女医さんだったという。

「あんた、マジ何食ってんの!」と怒鳴られた藤川はビビッてしまい、「毎日、レトルトカレー食べてます」と小さな声で答えた。女医さんは目を吊り上げて「毎日? どのくらいさ!」と畳みかける。藤川はとても１カ月と言えず、「１週間です……」と答えたが、「１週間もそんなの食べてたら体壊すでしょ!」と怒られたという。

この一件があってから、藤川は野菜を意識的に食べるようになったという。

結婚後、特に娘が生まれてから、食生活は大きく変わった。年齢もあって昔のように無茶苦茶な量を食べることが減った。今は、自宅の近くに自家菜園をもち、新鮮な野菜をたくさん食べているという。娘さんのアレルギーの関係で、お菓子を食べることも控えているそうだ。酒も、歳とともにアルコールの分解能力が落ちてきたのか、翌日のトレーニングに影響が出るようになってきた。幸い、酒への執着はそこまで強くないので、特に冬場はほとんど酒を飲まなくなったという。

「でもね、体に悪いものって、精神衛生的にはよかったりするんですよね」と藤川は本音をこぼす。

「あまり我慢するくらいなら、時々食べたほうが健全だと思います。なので、抑えながらも、食べたいときは食べます。歳とともに無気力感やダルさといった疲労感が抜けなくなってきたんですが、それに抗えるのが糖分なんですよ。脳の血流がよくなるというか、思考能力やモチベーションは、糖分摂取によって簡単に回復させられるんですよね」

アスリートとして生きる

現在も現役アスリートとして活動を続ける藤川だが、2024年に50歳を迎えた。

「昔だったら、どんなに追い込んで、動けなくなるまでトレーニングしても、翌日にはケロッと回復して動けたんですけど、さすがにパフォーマンスが戻らなくなってきました。こればかりは、もうしようがないかなと思いますね」

がむしゃらにやるばかりでは、ケガや故障につながる。最近は、休息や、トレーニングのインターバル期間に、特に気を遣っているという。藤川の場合は、仕事でも体を使うため、それとのバランスも大切だ。トレーニングの間に仕事が入ると休息にならない。

パフォーマンスを維持するために必要なものは、やはり練習量だと藤川は言う。

「20代や30代までなら、そこそこ練習しとけば体が動くんですよ。でも歳を重ねるごとに、練習量を増やしていかないと、同じパフォーマンスが維持できない。だから、練習の量がもうケタ違いに増えていますね。でも、やっぱりどれだけ練習してもパフォーマンスは上がってはいかない。残念ながら、現実には落ちていく一方です」

最近の藤川は、SKIMOレースのなかでも、インディビジュアル種目や、世界三大レースのような長距離大会に、出場を絞っている。それは活動を絞らないと結果が出せなくなってきたからなのだという。

「ベストコンディションを維持するのに、より多くの時間が必要になってきたわけです。若いころは、レースもフリーライドも、いろいろなことを同時にできた。でも、もうそれは不可能です。これまでも、限界を感じるたびに、僕は一つ一つ捨ててきました。そうじゃないと、自分を最高の状態にもっていくことができない」

藤川が話す理論はもっともである。ただ、多くの人の場合、人生のステージが進むなかで、結婚したり子どもをもったりして、トレーニングにばかり時間を割くことができなくなる。同時に体力が衰えていくこともあって、アスリート活動から引退するパターンが多いのである。

「たしかに、僕が切り捨てているものは多いです。安定した収入を求めれば、トレーニングなんかしている暇はなくなる。たいていの人はそっちを選択すると思います。僕は、仕事や収入を差し置いてでも、トレーニングのための時間を優先しています。その選択ができるかどうかだと思いますね」

もちろん、藤川の今の生活は、現実的にはロストアローなどからの金銭的支援があってこそ成り立っている。ただ、それも、「アスリートとしての生き方を貫く」と覚悟を決めているからこそ得られた支援でもあるだろう。

アスリートとして生きる。それは、藤川にとって何よりも優先する、人生における信念だ。しかし、アスリートである以上、いつかは体力の限界が訪れ、引退する瞬間が来る。それはすべてのアスリートにとっての宿命である。

藤川も引退についてはだいぶ以前から考えていたようで、10年ほど前には、あと数年で体が動かなくなるだろうと思い、周囲に引退をほのめかしていたという。

「アスリートを引退した後は、毎日ほどほどに山へ行って、のんびりスキーを楽しむような生活ができたら幸せだな」

そのように漠然と引退後の人生を思い描いていた藤川だが、現実は違った。

「ところが、思ったよりも弱くならなくて、いまだに現役で選手を続けているんですよね。人生において、それだけは大きく想定外でした（笑）」

今もなお、50歳という年齢を鑑みるに信じ難いほどの高いパフォーマンスを発揮する藤川。この先の人生の展望について尋ねると、次のように答えた。

「ここまできたら、自分がどこまで行けるのか、少し興味もわいてきています。今の生活とトレーニングを続けることで、どこまで自分のパフォーマンスを維持できるか試してみたい。だから、もう少しだけ頑張ってみようかな？」

高校時代に進学の道を捨ててスキーの道を選んでから、藤川は夢に向かって真っすぐに進んできた。自らが信じる生き方を貫き、スピードツーリングという新しいジャンルを提唱することで、山の世界に一石を投じた藤川は言う。

「今まさに、思い描いていた夢を実現し、その夢のなかにいる最中だと思います」

現在進行形で描いているという藤川の夢とは何か。それは他でもなくスキーアルピニズムの追求であろう。その真髄へと迫るための挑戦に終わりはない。

APPENDIX 付録

一問一答

Q&A

Q. 山に登っていて、幸せを感じる瞬間は？

A. 山頂に立ったとき。雲海が見られたとき

ピークハンターではないんですが、やっぱり僕は山頂が好きです。山を征服するなどの感覚はないですけど、一つの目安のようなもので、どうせなら山頂を目指しておきたいなって思います。

あと、雲海も好きですね。ガスのなかを登っていって、山頂に着いたら青空が広がって、足元に雲海が広がっていたら、やっぱり嬉しいですね。その劇的な変化にも「おおっ」って驚きを感じるし、好きですね。

Q. 山に登っていて、出会いたくないものは？

A. ケガをしている人

やっぱりパトロール時代のトラウマがあって……。当時、さんざんケガ人を見てきたので、ケガ人や遭難者とは出会いたくないです。まあ、そもそも山でケガなんてするものじゃないし、してほしくない。もちろん雷やクマもイヤですが、次元が違う。雷は天気予報で避けることができるし、クマは逃げてくれることが多い。でもケガ人に会ったら、助けなくちゃいけないですからね。

Q. 好きな本は？

A. 『ソフィーの世界』※

昔はけっこう本を読んでいて、山の本もだいぶ読みましたが、最近はあまり読んでいないです。でも、そうですね、『ソフィーの世界』は好きでしたね。哲学書なんですけど、ストーリーが上手で読みやすいし、いろいろな考え方を学べました。違う視点で物事を見ることの大切さや、

※『ソフィーの世界　哲学者からの不思議な手紙』
ヨースタイン・ゴルデル著、池田香代子訳（NHK出版、1995）

同じものでも異なる見え方があるというようなことを気付かせてくれました。

Q. 好きな食べ物はなんですか?

A. カレーライス

カレーは好きです。昔、1カ月くらい食べ続けられたくらいですからね(笑)。山小屋でもカレーが出ると嬉しい。個人的には、毎日カレーでもいいんですけど、さすがにお客さんからクレームが来ますよね。

Q. レース前や山に入るときのジンクスはありますか?

A. ありません

そういうのを見たり聞いたりすることもありますが、絶対、関係ないですよ。そのレースや山行に向けて、どれだけの準備をしてきたかということだけです。賭け事ならジンクスを信じるのもアリかもしれませんが、スポーツは賭けではないですから。それに、僕はあんまり運がいいほうではないんです。あまり神様には助けてもらってきてないですね。運に頼ったら外れる、みたいな。だから運に頼りたくない。信じられるのは、自分がやってきたことだけです。

Q. ライバルはいますか?

A. 過去に負けた人。自己ベストを出した自分

あまり意識はしていませんが、例えばレースに関しては、負けたことがある相手はライバルですね。僕よりも速かった人を目標にして、レースでの勝ち方を考えています。

ただ、最近はレースではなく、スピードツーリングが活動のメインとなっています。スピードツーリングで大切なのは、つらい時に「もうこの辺りが限界、これ以上はやめよう」と思ってしまう自分の弱さに勝てるかどうか。ちょっと気負った言い方かもしれませんが、これまでのベストな状態だった自分がライバルということになるかもしれません。日頃のトレーニングでも、過去の自己ベストに迫れるように常に意識しています。

横尾絢子（よこお・あやこ）

１９７８年神奈川県生まれ。編集者・ライター。気象予報士。高校時代より登山に親しむ。気象会社ウェザーニューズ、朝日新聞社の子会社を経て、出版社・山と溪谷社で月刊誌『山と溪谷』の編集に携わる。２０２０年、東京都から長野県佐久市に移住したのを機に独立し、六花編集室を設立。登山・スキー・アウトドア関連の編集・執筆多数。プライベートではテレマークスキーやＳＫＩＭＯ（山岳スキー競技）、登山、トレイルランニングなどを中心に、季節を問わず山を楽しんでいる。日本山岳・スポーツクライミング協会ＳＫＩＭＯ委員。

主な参考資料

・『日本百名山』深田久弥（新潮文庫、１９７８）
・『山と溪谷』２０１４年12月号、２０１６年7月号、2021年6月号（山と溪谷社）
・『ＲＯＣＫ＆ＳＮＯＷ ０９２』（山と溪谷社、２０２１）
・『第57回海外登山技術研究会　資料集』（公益社団法人日本山岳・スポーツクライミング協会、２０１８）
・藤川健ブログ「テレマークスキー・ライフ」http://telemark.fujiken.boy.jp/
・「日本百名山早巡り」公式ホームページ　http://fujiken.boy.jp/
・ＩＳＭＦ（International Ski Mountaineering Federation）ホームページ　https://www.ismf-ski.org/

写真
杉村航
倉橋俊行
藤川健

ブックデザイン
天池聖（drnco.）

地図制作
アトリエ・プラン

構成
横尾絢子（六花編集室）

本書についてのお問い合わせ
六花編集室
info@ricca-editorialoffice.com

SPEED TOURING
スピードツーリング
山岳《さんがく》アスリート　藤川健《ふじかわけん》の半生《はんせい》と記録《きろく》

２０２４年12月1日　初版1刷発行

著者　横尾絢子

発行　六花編集室
〒３８５-０００４
長野県佐久市安原１３６７-８
https://ricca-editorialoffice.com/

印刷・製本　シナノ書籍印刷株式会社

ISBN 978-4-9913730-0-8